Schokolade

WIR SIND, WER WIR SIND,
WEIL WIR NICHT VERSUCHT HABEN
ANDERS ZU SEIN.

A.H.G.

Josef Zotter

Schokolade

Die süßen Seiten des Lebens

Erzählt von Sepp Zotter

geschrieben von Sabine Lintschinger

Pichler Verlag

Bildnachweis

Josef Zotter: 14, 21, 22, 24, 25, 27 u., 28 u., 29 u., 30, 31, 32, 55, 56, 57, 58, 74, 75, 78, 79, 100, 162
Herbert Lehmann: 3, 4, 10, 34, 45 u., 65, 77, 80, 81, 102, 123 (1, 2 u. 4), 139, 149 und Nachsatz
Ferdinand Neumüller: Coverfoto, 45 o., 151 und Vorsatz
Yvonne Quella: 129
Klaus Steinkuhl: 1, 9, 37, 121, 122
Christian Jungwirth: 85
Info-Zentrum Schokolade, Leverkusen: 13 u., 27 o., 28 o. und M., 29 o. und M., 59, 60 (British Museum), 61, 161
Kunstgewerbemuseum Prag: 97
Archiv Pichler Verlag: 13 o., 62, 63, 96 (Viktor Kabelka)
Theresa Schrems: 104 und alle Rezeptfotos
Claudia Brück, TRANSFAIR Deutschland: 145

Impressum

ISBN-10: 3-85431-404-3
ISBN-13: 978-3-85431-404-2

Inhaltliches Konzept: Sabine Lintschinger
Projektbetreuung: Maria Tutschek-Landauer
Lektorat: Georg Loidolt

Illustrationen: Andreas H. Gratze
Umschlag- und Buchgestaltung: Bruno Wegscheider

Foodfotografie: Theresa Schrems
Foodstyling: Alexander Knakal
Rezepte: Sepp Zotter, Alexander Knakal, Hans-Peter Fink

Reproduktion: Pixelstorm, Wien
Druck und Bindung: Druckerei Theiss, St. Stefan i. Lavanttal
Printed in Austria

Inhalt

Reifung zum Mythos 153

Schoko-Rezepte

Regieanweisung:

Wie man ein Schokobuch vernascht

Die geheimen Ingredienzen des Genusses sind Zeit und Maß. Vor dem ersten Lesen sollte eine Tafel Zotter-Schokolade in der gewünschten Geschmacksrichtung zwei bis drei Stunden bei Zimmertemperatur „atmen", um ihre Aromen optimal zu entfalten. Während dieser Wartezeit darf bereits in dem einen oder anderen Kapitel geschmökert werden.
Nachdem die Tafel mit einem scharfen Messer in kleine Portionen geschnitten wurde, empfiehlt es sich, mit dem Buch und den Schokostückchen ein ruhiges Plätzchen aufzusuchen.
Während man in aller Ruhe Kapitel für Kapitel aus den *Süßen Seiten des Lebens* liest, lässt man Stück für Stück vom Glück auf der Zunge zergehen.
In diesem Sinne: Nicht alles auf einmal auslesen!

Die süßen Seiten des Lebens wünscht Ihnen

Zuallererst

Ein Zauberlehrling

Die Zukunftschancen für einen österreichischen Bauernbuben der frühen 60er-Jahre, einmal ein Chocolatier zu sein, waren ungefähr so groß wie die der Kakaobohne zu Zeiten der Azteken, je als Schokotafel verkauft zu werden. Weit weg vom südamerikanischen Regenwald bin ich auf einem Bauernhof in der Oststeiermark in einem Ort namens Bergl aufgewachsen, in einer kleinen Welt, in der einem die Menschen auf der anderen Seite der Hauptstraße schon irgendwie anders erschienen. Die Bauern in der Ebene zum Beispiel hatten andere Voraussetzungen als wir in den Hügeln und daher dachten sie auch anders. Ein bisschen zumindest.

Soweit ich mich zurückerinnere, haben meine Eltern immer gearbeitet. Entweder draußen auf dem Feld, im Stall oder im Gasthaus, das sie zusätzlich betrieben. Zeit für die Kinder gab es kaum. Wir hatten jeden Tag geöffnet: Von fünf Uhr morgens bis zwei Uhr früh kamen Gäste und saßen immer am gleichen Tag, zur gleichen Zeit am gleichen Tisch. An 365 Tagen im Jahr, die sich nur durch die Jahreszeiten und die zwei Highlights – Weihnachten und Ostern – unterschieden, hat sich also alles wiederholt. Kein Urlaub, kein Kino, kein Ausgehen. Je mehr meine Unzufriedenheit mit der Eintönigkeit des Landlebens wuchs, desto stärker wurde die Sehnsucht nach der „Welt da draußen".

Ich wusste, dass meine einzige Chance im Größerwerden lag, und daher habe ich das Leben meiner Schwester, die um zehn Jahre älter ist, mit Interesse verfolgt. Wie ein Kakaobaum im Schatten einer Kokospalme als Mutterbaum gedeiht, bin ich unter dem Schutz meiner Schwester herangewachsen. Sie war einfach immer da, hat mir bei den Hausaufgaben geholfen, musste aber – sehr zu ihrem Leidwesen – aus Platzmangel ein Zimmer mit mir teilen.

Wie kleine Brüder das so an sich haben, habe ich mein Potenzial als Störfaktor auch ausgelebt. Jeden

Der Reiz der exotischen Frucht: die Kakaopflanze auf einem historischen Stich und auf einer alten Schulwandtafel.

Oben: Die leuchtend roten Kakaofrüchte sind unter den sattgrünen Blättern nicht zu übersehen.
Unten: Kakaofrüchte gibt es in allen Schattierungen. Diese Sorte reift von grün zu gelb.

Sonntag haben uns die Eltern gemeinsam in die Kirche geschickt. Meine Schwester hat es wirklich gehasst, mich mitnehmen zu müssen, denn für ein Mädel in der Pubertät war die Kommunikation mit den Burschen am Kirchplatz logischerweise interessanter als die Messe. „Du warst einfach unmöglich", behauptet sie heute. Weil die Eltern von ihren harmlosen Verabredungen nichts erfahren sollten, habe ich mit ihr verhandelt, sobald ich nur irgendetwas mitbekam. Für mich war das so spannend wie für manche die nächste Folge von *Reich und schön*. Zumindest muss ich eine geschickte Verhandlungsstrategie an den Tag gelegt haben, sonst wäre sie nicht auf meine Angebote eingestiegen. Als sie von zu Hause auszog, war ich wirklich zutiefst unglücklich. Plötzlich war jemand weg, zu dem ich großes Vertrauen hatte, und ich musste in meiner kleinen Welt allein zurechtkommen.

In einem Gasthaus aufzuwachsen hat auch so seine Vorteile, denn man lernt den Umgang mit unterschiedlichen Menschen und ich hatte zumindest einen indirekten Draht zur Außenwelt. Graz? Nein, Graz war von unserem Leben so weit weg wie heute New York City und Feldbach hatte den Stellenwert einer Hauptstadt.

Die meisten Gäste haben bei uns nur etwas getrunken und ab und zu hat einer nach einem Geselchten gefragt. Wir haben hauptsächlich Wein, Bier, aber auch Zigaretten verkauft, und sogar Schokolade, die in einer Schublade aufbewahrt wurde, zählte zum Sortiment. Diese „Schoko-Lade" hatte einen gravierenden Nachteil: Sie war verschlossen. Der Gedanke daran, was ich alles anstellen musste, um an den Schlüssel heranzukommen, bereitet mir heute noch ein unangenehmes Gefühl. Hinzu kam, dass ich mir ganz sicher war, deshalb beim lieben Gott ganz schlecht angeschrieben zu sein. Ich kann mich zwar nicht mehr genau daran erinnern, aber ich muss aus diesen seelischen Qualen heraus wohl davon geträumt haben, irgendwann meine eigene Schokolade zu machen. Wahr-

scheinlich fuhr ich in meinen Träumen wie die Personen in dem Film *Charlie und die Schokoladenfabrik* auf einem Fluss aus Schokolade mit einem Boot und beobachtete voller Faszination den riesigen Schoko-Wasserfall.

Abgesehen von ein bisschen Schokolade, die ich gelegentlich stibitzte, hatte mein Alltag als Kind wenige süße Seiten: Wenn ich von der Schule nach Hause kam, musste ich die Gäste bedienen. Hausaufgaben waren Nebensache. Und mit zwölf Jahren konnte ich selbstständig die Stallarbeit erledigen, Bäume schneiden genauso wie mit dem Traktor und dem Mäher auf dem Feld umherfahren. Mit Begeisterung habe ich damals jedenfalls nichts davon gemacht: Nicht, weil mir die Arbeit an sich zuwider war, sondern weil das jeder hier machen musste. Einen langfristigen Schaden habe ich zumindest nicht davongetragen, sonst hätte ich inzwischen nicht wieder eine Landwirtschaft mit Hochlandrindern und Hühnern, mit Schafen und Ziegen.

In dieser Lebensphase muss der Ursprung meiner Geschäftstüchtigkeit liegen: Wir hatten eine Naturkegelbahn und mein Job am Sonntagnachmittag war Kegelaufstellen. Mit dem selbst verdienten Geld habe ich mir mit zwölf den ersten Plattenspieler und meine ersten Platten von Creedence Clearwater Revival gekauft. Von den Eltern hätte ich das nie bekommen. Ich fand mich jedenfalls cool und habe mit meiner 3-Watt-Anlage so richtig Gas gegeben. „Bist wahnsinnig? So ein Lärm!", hat meine erboste

Mutter geschimpft. Gegen Ö3 und die Beatles hatte sie auch prinzipiell etwas einzuwenden und deshalb musste ich, sobald die Eltern zur Tür hereinkamen, auf *Steiermark heute* umschalten und Schlager hören. So ist es uns allen ergangen zu der Zeit. Wenn sie heute mit ihren 80 Jahren im Radio genau meine Musik von damals hören, kann ich mich nur wundern ...

Nach dem Pflichtschulabschluss wurde mir auch klar, dass sich unsere unterschiedlichen Ansichten bezüglich Musik eins zu eins auf meine Zukunftspläne übertragen ließen: „Jetzt bist groß, brauchst nimmer in die Schule und kannst uns ganz in der Landwirtschaft helfen", hieß es damals.

Nun hatte ich mit meinen fünfzehn Jahren weder die Durchsetzungskraft noch die Möglichkeit, einen Beruf zu erlernen. Genau genommen habe ich es dem Gewerberecht zu verdanken, dass ich ein Schlupfloch fand, um meinen eigenen Weg zu gehen. Die Konzession für Gasthäuser wurde eingeführt und mein Lehrabschluss war gefragt, damit wir das Gasthaus weiterhin führen durften. Ich ging in die Berufsschule und sollte die Praxis zu Hause kennen lernen, wo mir logischerweise nichts Neues geboten werden konnte.

Wie schön es hier eigentlich ist, der freie Blick, die gute Luft, der Bezug zur Natur und die Ruhe – das alles hat mir nichts gegeben. Ich wollte weg!

Mir ist schon früh klar geworden, dass wir in einer Region lebten, die wirtschaftlich benachteiligt war. Nicht einmal Tourismus gab es hier und keine Möglichkeiten, etwas zu gestalten. Mein Vater hat als einer der Ersten an den Hängen Apfelbäume in Monokultur angepflanzt – das war aus damaliger Sicht revolutionär und brauchte viel Mut. Ich schmiedete unterdessen Zukunftspläne. Auf die Idee einer Schokoladenfabrik wäre ich nie gekommen, aber eine Disco schien mir möglich.

„Lauter junge Leute, eine Bar. Da verdienst du gleich ein Geld." Das war meine Vision in den 70er-Jahren. Nach einer Disco sucht man in Bergl übrigens heute noch vergeblich.

Mit dem Besuch der Berufsschule in Bad Gleichenberg hat sich für mich eine neue Welt aufgetan: Sie hatte den Geruch der Internationalität. Bis dahin hatte ich nämlich von Gastronomie keinen blassen Schimmer. Ich kann mich nicht einmal erinnern, mit den Eltern jemals auswärts gegessen zu haben, denn als Wirt ging man nicht zur Konkurrenz. Die Erzählungen der Lehrer, die am Schiff gearbeitet haben, oder die Bilder von Betrieben mit schön gedeckten Tischen haben mich fasziniert. Meine Begeisterung als Koch- und Kellnerlehrling wurde allerdings durch meine Ungeschicklichkeit gebremst: Bierkrügel auf einem Tablett zu tragen – eine Herausforderung. Wie ich es jemals schaffen sollte, in einer Hand drei Teller mit Essen bis zu den Gästen zu transportieren, war mir ein Mysterium. Die anderen Lehrlinge gaben mir recht deutlich zu verstehen, dass ich hier fehl am Platze war. So mies wie ich damals kann sich nur eine frisch fermentierte Kakaobohne fühlen, die meint, ihr Weg zur zartschmelzenden Schokolade sei eine einzige Illusion.

Zu Hause habe ich rebelliert, ich wollte so nicht weitermachen. Entweder die Gastwirtschaft aufgeben oder eine echte Lehre machen – das war mein Vorschlag. Obwohl meine Arbeitskraft zu Hause fehlte, erlaubten mir meine Eltern dann, im „Oststeirischen Hof" in Söchau Praxis zu machen. Die nächste Niederlage kam jedoch wie das Amen im Gebet, denn ich war im Vergleich zu den gleichaltrigen Lehrlingen ein echtes Greenhorn. Das Basiswissen für Suppen und Saucen erschien mir wie Zauberei und so wurde ich vor allem zu Tätigkeiten verdonnert, die den anderen zu lästig waren. Aber mich hatte der Ehrgeiz gepackt und so stand ich um drei Uhr früh auf, um zu lernen, damit ich meine Lehre abschließen konnte. Ich hatte zwar eine Sieben-Tage-Woche, aber auch erstmals das Gefühl, dass sich mein Leben in eine positive Richtung bewegt. „Irgendwann ...", habe ich damals beim Erdäpfelschälen und Salatputzen fantasiert, „irgendwann wirst du etwas ganz Tolles tun."

Zu Besuch auf einer Kakaoplantage

Ich kenne mich in der Schöpfungsgeschichte nicht so genau aus, dass ich Auskunft darüber geben könnte, wie der Kakaobaum auf die Erde kam. Jedenfalls müssen irgendwelche Götter ihre Finger im Spiel gehabt haben, sonst hätte man dem Baum nicht die biologische *Bezeichnung theobroma cocoa*, was so viel wie „Speise der Götter" bedeutet, gegeben. Seine Heimat ist der tropische Regenwald am Amazonas in Brasilien und am Orinoko in Venezuela. Von meinem Heimatort Bergl ist das so um die 12.000 Kilometer entfernt.

Bei meinem ersten Besuch einer Kakaoplantage habe ich mich mit diesem faszinierenden Gewächs so richtig angefreundet. Ich bin damals mit meiner Familie nach Venezuela gereist, um Kontakte zu dort ansässigen Bauern zu knüpfen. Zuallererst haben wir eine Plantage gesucht, aber – zu meiner Überraschung –

Kakao wurde einst als Opfergabe verwendet: Auf dieser Darstellung trägt der Gott des Opossums den Regengott auf dem Rücken.

keine gefunden. Was ich damals nicht wusste: Kakaobäume wachsen in vielen Teilen Südamerikas im Wald, gemischt mit anderen Kulturpflanzen und Obstbäumen wie Bananenstauden, Ananaspflanzen oder Kokospalmen. Da der Kakaobaum in den Plantagen nur ungefähr acht Meter hoch wird, zählt er zu den kleinen Urwald-Bäumen und wird zwischen oder unter großen Schattenbäumen gepflanzt. Am liebsten hat die Kakaopflanze Schatten, hohe Luftfeuchtigkeit und einen humusreichen Boden.

Mit meiner ursprünglichen Vorstellung hat der Regenwald wenige Gemeinsamkeiten. Als Kind habe ich mir vorgestellt, dass der Dschungel quasi hinter dir zuwächst und dass du nie wieder herausfindest, wenn du dich verirrst. Nun, ganz so mystisch und undurchdringlich, wie ich es mir in meiner Phantasie ausgemalt hatte, war es leider nicht.

Man könnte diese Kakaoplantagen fast mit einem Wald bei uns vergleichen, der von den Bauern gehegt und gepflegt wird. In Lateinamerika findet man auch sehr viel Wildkakao, der ganz natürlich wächst und oft nicht einmal geerntet wird. Außerdem werden viele Kakaoplantagen ganz einfach nicht mehr bewirtschaftet und verwildern, weil das Geschäft mit dem Kakao zu wenig Ertrag bringt. Ich hatte den Eindruck, dass die Besitzverhältnisse nicht so genau geregelt sind, denn viele Familien ziehen herum und ernten, was sie brauchen. Insgesamt sind die Bedingungen dort ja wie im Paradies, denn es gibt Wasser und Sonne, Früchte und Nüsse frei Haus. Dazu passend der Lebensstil: *Easy going* – „in den Tag hineinleben", lautet die Devise.

Aus der Sicht eines Mitteleuropäers liegt jedoch oft auch ein Hauch von Kriminalität in der Luft. Ich habe einmal einen recht sympathischen Typen gebeten, mir ein Gerät zur Schokoladenverarbeitung, das ich recht originell fand, zu schicken. Das Geld hat er genommen – das Ding habe ich bis heute nicht gesehen. Möglicherweise ist es ja auf dem Transport verloren gegangen.

Viele Kakaobauern betreiben die Plantagen im Nebenerwerb und arbeiten zum Beispiel als Lkw-Fahrer.

Dieser Plantagenarbeiter nimmt die Entwicklung der Kakaofrüchte in Augenschein. Das ist sehr wichtig, um einwandfreie Kakaobohnen gewinnen zu können.

Die Arbeiter sind für unsere Begriffe sehr arm und leben unter wirklich schlechten Lebensbedingungen, aber ich habe selten so glückliche Menschen gesehen wie dort. Man wohnt in Pfahlbauten mit einem Dach aus Stroh, schläft in Hängematten und produziert nicht viel außer vielleicht ein paar Perlenketten. Die Menschen leben in engen Familienverbänden, wobei mir aufgefallen ist, dass es den alten Leuten dort besonders gut geht. Mit der Lebensweise in Europa hat all das nicht viel zu tun, aber ich frage mich, welche die bessere ist.
Die Pracht der Farben im Urwald ist faszinierend, exotisch, eindrucksvoll. Kakaofrüchte gibt es in allen Schattierungen, weil die Früchte von grün zu gelb oder von dunkelrot zu orange reifen und zwischen den sattgrünen Blättern hervorleuchten. Interessant ist auch die Kakaoblüte, die man fast nicht sieht, weil

Stolz führte mich dieser Plantagenbesitzer zu den Criollo-Früchten.

der Kakaobaum die Blüten und Früchte direkt am Stamm und an den großen Ästen bildet – und das ist sogar für die Tropen ungewöhnlich. Wie kleine Orchideen sehen die zarten, rosafarbigen oder weißen Blüten, die zu hunderten die Stämme überziehen, auf den ersten Blick aus. Doch nur ein bis fünf Prozent der kleinen Blüten werden zu Früchten, und zwar unter der Voraussetzung, dass sie durch Insekten wie Fliegen, Ameisen oder Mücken bestäubt werden.

Bei uns gibt es im Frühling die Blüte und im Herbst eine Ernte: Im tropischen Klima, wo der *theobroma cacao* beheimatet ist, ist das freilich anders, weil es keine Jahreszeiten gibt. Die Vorstellung, dass die Blüten sowie reife und unreife Früchte gleichzeitig am Baum hängen, finde ich spektakulär, obwohl das für die Tropen nichts Außergewöhnliches ist.

Fünfmal im Jahr ernten! Das ist der Traum aller oststeirischen Bauern, sage ich immer. Aufgrund der Regenzeiten wird im Regenwald jedoch nicht ständig, sondern hauptsächlich zwischen März und Oktober geerntet. Sollte es ein ganz Schlauer mit dem Anbau von Kakao in unseren Breiten versuchen, wird er vermutlich nicht weit kommen: Der Baum fühlt sich zwischen dem Äquator und dem 20. Grad nördlicher und südlicher Breite am wohlsten und braucht Durchschnittstemperaturen von 25 Grad Celsius.

Der Kakaobaum muss also bleiben, wo er ist. Aber seinem Innersten, der Kakaobohne, steht noch eine lange Reise bevor. Von Fruchtfleisch umgeben, wächst die Kakaobohne, die bis zum Abschluss des Fermentierungs- und Trocknungsprozesses eigentlich „Samen" genannt wird, im Verborgenen heran. „Kein zweites Mal hat die Natur eine solche Fülle der wertvollsten Nährstoffe auf einem so kleinen Raum zusammengedrängt wie gerade bei der Kakaobohne", hat der berühmte Naturforscher Alexander von Humboldt festgestellt. Mich faszinieren Samen im Allgemeinen: Jede Nuss, jedes Korn, jede Bohne besitzt die gesamte Erbinformation. Sie enthält alles, was die Welt erhält und ebenso verändert. Obwohl die Menschen sich seit 2600 Jahren mit der Kakaobohne beschäftigen, ist ihre Gesamtheit noch immer nicht ganz erforscht. Man kann die Kakaobohne mit einem Menschen vergleichen, dessen Anlagen und grundlegendste Charakterzüge von Anfang an festgelegt sind: Es kommt nur darauf an, was man aus diesem Potenzial macht.

Die wichtigsten Kakaosorten im Überblick

Criollo *(der Wildkakao, ausgesprochen: kriojo) ist die Königin unter den Kakaobohnen und hat ein liebliches, feines Aroma. Die Criollo-Bohne ist kein Hybrid und wird im milden Klima und in den fruchtbaren Lagen in Lateinamerika kultiviert. Sie ist die teuerste und auch die seltenste Sorte, weil sie erst nach etwa sechs Jahren Erträge bringt.*
Die rot-braune, bauchige Criollo wird zu Edelkakao verarbeitet.
Die Untersorten der Criollo haben wohlklingende Namen wie: Porcelano, Guasare, Pentagona, Criollo Andino oder Lacandón.

Forastero *(auch Fremdlingskakao genannt, weil Forastero „Fremdling" bedeutet) ist eine Kakaosorte, die ursprünglich aus dem Amazonasgebiet stammt und heute hauptsächlich in Westafrika und Brasilien ausgepflanzt wird. Mehr als 80 % der Welternte stammen von diesem Typ. Forastero ist resistent sowie im Geschmack sehr intensiv und wird hauptsächlich als Konsumkakao gehandelt.*

Nacional *ist eine Kakaosorte aus Ecuador, die eigentlich eine Forastero-Bohne ist, aber aufgrund ihrer geschmacklichen Eigenschaften eine eigene Bezeichnung bekommen hat.*

Trinitario *ist eine natürliche Kreuzung aus den beiden Wildformen Criollo und Forastero. Sie wurde in den Plantagen von Trinidad im 18. Jahrhundert gekreuzt. Der ertragreiche und robuste Baum liefert edle Bohnen. Ca. 15 % der Welternte werden mit dieser Kakaosorte erzeugt.*

Weitere Sorten: *Durch Züchtung und Vermischung in Plantagen sind im Laufe der Zeit tausende Kakaosorten entstanden. Allein von der Trinitario gibt* es 300 verschiedene Untersorten (z. B. Carupano). Kakaobohnen aber werden nicht nach Sorten, sondern nach Herkunft gehandelt. Vor allem die Forateros werden nach ihrer geographischen Herkunft eingeteilt: zum Beispiel Lower Amazon Forastero (Forastero vom unteren Amazonas) oder Guyane Forastero.

Der Ursprung des Kakaos

Die Wildform des Kakaobaumes stammt aus der Region des Rio Negro, des größten Nebenflusses des Amazonas, und des Oberlaufs des Orinoko. Doch aus den ursprünglichen Heimatländern des Kakaos im tropischen Mittel- und Südamerika – Venezuela, Kolumbien, Ecuador und Panama – stammen heute nur noch 5 % der Weltproduktion. Der Großteil (etwa zwei Drittel) kommt aus den drei afrikanischen Staaten – Elfenbeinküste, Ghana und Nigeria. Brasilien steht beim Kakaoanbau an zweiter Stelle hinter der Elfenbeinküste, gefolgt von Malaysia und Indonesien, wo ebenfalls Kakao in rauen Mengen wächst. Weltweit werden ungefähr 3,6 Millionen Tonnen Kakao pro Jahr produziert.
Fünf bis sechs Millionen Kleinbauern leben mit ihren Familien vom Kakaoanbau und zählen durchschnittlich 1000 Bäume zu ihrem Besitz.

Der Stoff, aus dem Schokolade ist

Schokolade ist nicht gleich Schokolade. Deshalb ist es notwendig, sich mit dem Produkt vorab auseinander zu setzen und zu wissen, welche Schokoladesorten es überhaupt gibt und woraus sie bestehen.

Echte Schokolade

Grundsätzlich unterscheidet man bei Schokolade zwischen Milchschokolade, weißer Schokolade und dunkler Schokolade.
Milchschokolade (auch Alpenmilchschokolade oder Vollmilchschokolade genannt) besteht aus Kakaomasse, Kakaobutter, Zucker und Milchpulver. Der Schweizer Schokopionier Daniel Peter hat sie bereits im Jahre 1875 erfunden. Hier gibt es unzählige Varianten, weil der Milch- und Kakaoanteil in jedem Rezept unterschiedlich hoch ist.
Weiße Schokolade wird aus Kakaobutter, Zucker, Milch und Vanille hergestellt. Die gelbe Farbe erhält sie, weil sie keinen Kakao enthält. Weiße Schokolade ist bei Kindern so beliebt, weil sie besonders süß ist und viel Vanillin, das im Geschmack an Muttermilch erinnert, aufweist.
Dunkle Schokolade (auch Zartbitterschokolade, Herrenschokolade, Edelschokolade genannt) enthält einen hohen Anteil an Kakao, aber auch Kakaobutter, Zucker und Vanille. In diesen Bereich fallen die Bitterschokoladen mit einem Kakaoanteil von bis zu 100 Prozent. Das ist aber nur etwas für echte Freaks. Die Höhe des Kakaoanteils wird als wichtiges Qualitätskriterium angesehen. Man muss hier vorausschicken, dass die Güte der verwendeten Kakaosorten ausschlaggebend ist. Meiner Meinung nach liegt der ideale Anteil an Kakao bei 70 Prozent. Darüber schmeckt die Schokolade unangenehm und bitter, weil die unterschiedlichen Aromen nicht mehr so gut zur Geltung kommen, nachdem diese Schokoladen kaum noch Zucker enthalten. Der Zucker speichert aber die Aromen und nimmt „scharfe Kanten" weg.

Oben: Bis aus den Kakaofrüchten Schokolade entsteht, sind viele Arbeitsschritte notwendig.
Unten: Die zarten, rosafarbigen bis weißen Blüten überziehen zu Hunderten die Stämme und Äste des *theobroma cacao*.

Oben: Ernte der Kakaofrüchte
Mitte: Kakaofrüchte in den unterschiedlichsten Farben
Unten: Kakaobohnen mit „Pulpa" in der aufgeschnittenen Frucht

Oben: Kakaosamen mit der ursprünglich violetten Farbe
Mitte und unten: Fermentation zwischen Bananenblättern und in dreiteiligen Holzkisten

Oben: Mit der „Kraft der Sonne" fermentieren die Kakaobohnen. Dabei entstehen die ersten Geschmacksaromen der Schokolade.

Oben: Blick in eine Kakaosammelstelle
Mitte: Josef Zotter bei der Qualitätskontrolle
Unten: Ein Kakaolager in Panama

Oben: Boca de Sabalos y El Castillo in Nicaragua
Mitte: Fairer Handel hat Handschlag-Qualität.
Unten: Wie einen Schatz hütet dieser Junge die Früchte am Kakaofrüchtesammelplatz.

Neben den drei Hauptsorten gibt es noch die **Kuvertüre**. Sie hat einen höheren Fettanteil als normale Tafelschokolade, damit sie geschmolzen besser fließt und beim Erstarren stabiler ist. Sie eignet sich für die Herstellung von Pralinen, Glasuren, Füllungen und ist daher für Profis in Küche und Patisserie ein wichtiges Grundprodukt. Es gibt weiße, dunkle und Milch-Kuvertüre.

Tipp: Die typische Tafelschokolade aus dem Supermarkt kann ebenso wie Kuvertüre verwendet werden. Das ist ganz simpel: Aus guter Kuvertüre kann gute Tafelschokolade entstehen, aus qualitativ minderwertiger Kuvertüre entsteht weniger gute Schokolade.

Die Schokoladenersatzprodukte

Kochschokolade verhält sich beim Kochen gänzlich anders als Kuvertüre. Im Gegensatz zur Qualitätsschokolade enthält sie einen geringeren Gesamtkakaogehalt (30 bis 40 %), einen hohen Zuckeranteil und gehärtete Fette anstatt Kakaobutter. Im Gebrauch ist sie zwar unkomplizierter, weil sie nicht temperiert werden muss. Im Geschmack ist sie dafür weniger harmonisch.

Es gibt eine Menge Schokolade auf dem Markt, die nicht als Schokolade im eigentlichen Sinne gilt. Meistens wird dabei einfach billiges Kakaopulver mit gehärteten Fetten wie Kokosfett und mit viel Zucker angereichert. Vor allem im Bereich der Schoko-Riegel, bei Übergussmassen, Schokocremen und Puddingprodukten wird keine echte Schokolade eingesetzt.

Über die Kakaobutter

Die Kakaobutter ist ein ganz besonderer Rohstoff, der bei der Kakaoherstellung entsteht. Dabei wird, nicht anders als in einer Kernölpresse, das Fett aus den Kakaobohnen gepresst. Die goldgelbe, klare Kakaobutter fließt heraus und härtet schnell aus. Bei der Schokoladenproduktion braucht man mehr Fett, als in der Kakaobohne enthalten ist: Daher wird zusätzlich Kakaobutter hinzugefügt. Die Kakaobutter hat nur einen leichten Kakaogeschmack und wird aufgrund ihrer pflegenden Eigenschaften auch für die Herstellung von Kosmetika verwendet. Laut Gesetz ist die Verwendung von Kakaobutteraustauschfetten erlaubt. Das heißt, Kakaobutter darf durch andere pflanzliche Fette ersetzt werden. In Frage kommen dafür Kokos- und Palmfett.

Woran man gute Schokolade erkennt

Hier lohnt sich ein Blick auf die Rückseite der Schoko-Tafel:
Ein hoher Kakaoanteil sowie die Verwendung von natürlicher Vanille sind Hinweise auf gute Qualität.

Gute Schokolade enthält keine gehärteten Fette, Konservierungsstoffe, künstlichen Aromen, Geschmacksverstärker, Vanillin oder Stabilisatoren.

Bei Produkten aus fairem Handel schmeckt die Schokolade in sozialer Hinsicht weniger bitter.

Bio-Schokolade garantiert die Verwendung natürlich behandelter Zutaten.

Der Preis ist ebenso ein Qualitätshinweis: Edelkakao und andere wertvolle Zutaten haben ihren Preis.

Vom Schoko-Glück und anderen Substanzen

Die Ersten, die von den besonderen Eigenschaften des Kakaos Gebrauch gemacht haben, waren die Urvölker Lateinamerikas. Die Olmeken, Mayas und Azteken haben ihre *Xocoatl*, die für unseren Geschmack ein scheußliches Gebräu gewesen sein muss, für rituelle Zwecke genutzt, um ihre Götter milde zu stimmen, oder sie als Genussmittel bei Festen getrunken. Als der Kakao nach Europa kam, hat er zunächst eine regelrechte Euphorie ausgelöst. Man hielt die Schokolade für ein magisches Elixier, das zu Gesundheit und Wohlbefinden verhelfe, und stellte allerlei Mutmaßungen an, woran das liegen könne.

Seit damals ist viel darüber geschrieben, geforscht und nachgedacht worden, warum die Schokolade glücklich macht. Ich glaube, der Grund dafür ist die Sehnsucht nach Wärme, und deshalb tut die Schokolade den Menschen insgesamt gut. Kakao ist pure Energie, weil er die Wärme speichert. Das pflanzliche Fett, das in der Schokolade einen hohen Anteil ausmacht, wird durch die Sonne gebildet. Irgendwann hat man damit begonnen, die Inhaltsstoffe der Schokolade zu analysieren, um ihrem Geheimnis auf die Spur zu kommen. Die Ursachen des Schoko-Glücks wurden in Substanzen wie Phenylethylamin und Serotonin gefunden. Wenn man bedenkt, dass der Serotoninspiegel auch vom Ausmaß der Sonneneinstrahlung auf unseren Körper abhängt, wundert es mich nicht, dass Nordeuropäer mehr Schokolade essen als Südeuropäer. Geschweige denn, dass die Kakaobauern vor Ort ein Bedürfnis nach wärmespendender Schokolade entwickeln.

Fast alle Kinder lieben Schokolade. Vielleicht deshalb, weil sie das Glück noch als etwas Selbstverständliches und Gegebenes annehmen können und nicht daran denken, dass es jemals anders sein könnte. Laut Umfragen verzichten viele Frauen lieber auf Sex als auf Schokolade. Logischerweise haben Männer mit solchen Rankings keine rechte Freude,

aber „man(n)" muss die Tatsache akzeptieren, dass Schokolade eben besondere Glücksgefühle erzeugt. Der berühmte französische Gastrosoph Brillat-Savarin widmete der Schokolade in seinem Klassiker *Die Physiologie des Geschmacks* ein ganzes Kapitel und beschäftigte sich ausführlich mit der Wirkung von Schokolade. Über Frauen, die Schokolade liebten, schrieb er Folgendes: „Jene, deren Naschhaftigkeit hauptsächlich in einer Liebe zum Süßen besteht, haben feinere Gesichtszüge, eine angenehmere Art, wohlgeformtere Figuren und vor allem eine ganz besondere Art zu sprechen." Ich kann das zwar nicht bestätigen, aber vielleicht lag es daran, dass diese Frauen zufriedener wirkten.
Prinzipiell halte ich es jedoch für keine gute Idee, es von der Schokolade abhängig zu machen, ob man ein glücklicher Mensch ist oder nicht. Denn: Jedes Stück Schokolade ist nur ein Stück vom Glück!

Die Glückssubstanzen in der Schokolade

Für so manchen Wissenschaftler liegt das Besondere der Schokolade bloß in ihrer chemischen Zusammensetzung:

Phenylethylamin, *kurz PEA, ist eine chemische Verbindung, die man bei besonders glücklichen und frisch verliebten Menschen findet. Es macht optimistisch, gesellig und temperamentvoll. Bei Misserfolgen und Problemen aller Art sinkt der PEA-Wert und man wird traurig und deprimiert. Schokolade enthält bemerkenswert viel von dieser Substanz.*

Serotonin *wird im Zusammenhang mit Schokolade immer wieder erwähnt: Schokolade enthält reichlich Tryptophan, das zur Bildung von Serotonin im Gehirn benötigt wird. Ich habe dazu schon viele aufschlussreiche Thesen gelesen. Ein Experte der deutschen Gesellschaft für Ernährungsmedizin und Diätetik meinte etwa: „Interessanterweise bilden Frauen im Gehirn nur halb so viel Serotonin wie Männer. Das ist möglicherweise eine Erklärung für die häufigeren Stimmungsschwankungen und das vorwiegend auftretende Phänomen der Schokoladen-Lust."*

Anadamid *befindet sich zum Beispiel auch in Haschisch und Morphium und wirkt auf Teile des Gehirns, die für das Glücks- und Lustempfinden verantwortlich sind. Die in der Schokolade gefundenen Mengen sind allerdings so gering, dass keine Suchtgefahr besteht. Damit nur annähernd eine berauschende Wirkung erzielt werden könnte, müsste man 20 Kilogramm Vollmilchschokolade verdrücken.*

Orientierungs
suche

Auf in die Lehr- und Wanderjahre

Sobald ich mein Lehrabschlusszeugnis in der Tasche hatte, begann ich damit, Stellenanzeigen zu lesen. Die Katastrophe zu Hause war vorprogrammiert, aber mir war das egal. „Ich gehe nach Paris oder sonst wohin", habe ich mir gedacht. Als ich mit dem Zug auf den Arlberg hinaufgefahren bin, dachte ich mir: „Jetzt kannst du nicht mehr zurück."

Das Schöne an der Gastronomie ist, dass man in eine Welt eintauchen kann, zu der man sonst keinen Zugang hätte. Ich war im St. Antoner Hof, einem luxuriösen Hotel mit reichen Gästen aus Amerika, England und Russland. Viel Erfahrung habe ich als Koch nicht mitgebracht, aber in dem familiär geführten Hotel waren sie sehr „gnädig" zu mir. Ich habe schnell gelernt und die Zusammenhänge erkannt. Wenn ich ins kalte Wasser springe, kann ich schwimmen. Wenn ich etwas anfange, halte ich durch. Und wenn es sein muss, bis zum bitteren Ende. Das zieht sich durch meine ganze Karriere, ich habe weder Konditor noch Chocolatier gelernt, sondern bin immer als Quereinsteiger in den Beruf gekommen.

Die zweite Saison am Arlberg bot mir eine Riesenchance: Kurz vor Weihnachten schmiss der Küchenchef im wahrsten Sinne des Wortes das Hangerl und mein Chef hat mir die Position angeboten. So wurde ich über Nacht zum Küchenchef. Wenn meine Kollegen in die Disco gegangen sind, habe ich mich mit Kochbüchern zurückgezogen und bin mit ihnen in der Hand eingeschlafen. In der Früh bin ich mit einem neuen Menüplan aufgewacht. In dieser Zeit hat sich meine Kreativität entwickelt, weil ich selbst gestalten konnte. Ich hatte Erfolg, bekam bald eine Gehaltserhöhung und fuhr an meinen freien Tagen nach Innsbruck in Buchhandlungen, um alle Bücher, die

etwas mit Kochen zu tun hatten, zu kaufen. Ich war sehr glücklich darüber, in mir ein Talent entdeckt zu haben, von dem ich vorher nichts wusste.
Als ich eines Tages an der Rezeption die Menüs schrieb, sprach mich ein Hotelier aus Kärnten an und bot mir für die Sommersaison die Position als Küchenchef an. Ich konnte meine ganze Brigade mitnehmen, weil das Hotel am Arlberg wegen eines Umbaus geschlossen hatte. Sommer, See und Mädels. Wasserski und Motorboot fahren. Was willst du mehr?
Mit einer großen Portion Selbstbewusstsein unterschrieb ich den Vertrag, obwohl ich nicht so genau wusste, wo das Hotel eigentlich lag. Ich fragte auch nicht nach und hatte den Wörthersee im Kopf, der damals noch ein Stück Hollywood war.
„Jetzt hast du es geschafft", sagte ich mir, denn in kürzester Zeit hatte ich alles erreicht, wovon ich vorher nur zu träumen wagte: Ich hatte ein Auto, tolle Musik und Urlaub in Griechenland.
Als ich dann auf dem Weg zum Hotel war, irritierte mich ein Schild neben der Straße: „Gebirgshonig". „Gebirge? Ich will kein Gebirge", ging es mir durch den Kopf, „ich will an den See." Der St.-Urban-See war zu meiner Enttäuschung nicht viel größer als ein Planschbecken.
Das Hoteldorf hingegen war riesig und die Arbeit der reine Wahnsinn. Ich hatte alle Gründe, sofort wieder die Koffer zu packen. Was mich hielt, waren mein

Verantwortungsgefühl und – womit ich überhaupt nicht gerechnet hatte – die Frau meines Lebens. Uli hat dort als Praktikantin gearbeitet und wir sind miteinander ausgegangen oder

haben Ausflüge gemacht. Nach der Saison ging sie nach Wien und ich zum Arlberg. Die Arbeit als Küchenchef war Routine geworden, St. Anton ein Kaff und an mein gutes Gehalt hatte ich mich auch schnell gewöhnt. Da es damals unter Köchen und Kellnern „in" war, aufs Schiff zu gehen, haben meine Kollegen und ich regelmäßig im Fachmagazin *Rolling Pin* nach interessanten Jobs gesucht. „In die Karibik oder nach Alaska, nach Australien oder Indonesien?", lautete die Fragestellung. Wie Super-Wuzzis haben wir uns bei dem Gedanken gefühlt, dem Ruf der Meere zu folgen.
Zur gleichen Zeit wurde die Beziehung zu Uli intensiver und damit wuchsen auch die Zweifel, ob die Job-Option auf dem Schiff das Wahre sei. Schließlich war die Liebe stärker als die Sehnsucht nach den Weltmeeren und ich zog nach Wien. Der Bauernhof meiner Eltern und ihr Gasthaus waren in der Zwischenzeit schon in weite Ferne gerückt. Und sie hatten sich mit meinem neuen Leben wohl oder übel abgefunden.
Ich ging ins Hilton zu Werner Matt, der als bekannter Küchenzampano die Nouvelle Cuisine nach Österreich brachte. Wer bei ihm arbeitete, war in der ganzen Branche gut angeschrieben. Der Job an sich war ein Rückschritt: Ich verdiente wesentlich weniger und musste als Demi-Chef anfangen.
Aber ich war zum richtigen Zeitpunkt in die Top-Gastronomie eingestiegen. Die Hotelrestaurants waren gefragt wie seit den 30er-Jahren nicht mehr. Auf dem Speiseplan standen Hummer und Flusskrebse, Gänseleber und Kaviar ohne Ende. Was zählte, waren die PR und die Bewertungen der Gourmet-Kritiker.

Kaum hatte ich angefangen, im Café am Park zu kochen, kam ein Mann in einem weißen Mantel mit der Aufschrift „Executive Chef" auf mich zu. „Haben die sogar Polizei in der Küche?", dachte ich verwundert angesichts des Luxus und der dazupassenden Gäste im Hotel.
„Haben sie auch schon etwas anderes gekocht als Schnitzel?", fragte er in abschätzigem Ton. Das war meine erste Begegnung mit Werner Matt. So lief das damals in diesen großen Häusern: Die jungen Leute zuerst mal runtermachen, um zu schauen, was sie aushalten können. Der Druck in der Hochleistungsküche war enorm. Zuerst habe ich diese ständigen Kränkungen sehr persönlich genommen, doch ich wollte herausfinden, was hinter diesem System steckte, und ließ mich nicht unterkriegen. Außerdem spürte ich, dass ich bei etwas Besonderem dabei war: dem Küchen-Hype.
Bald wurde ich befördert und konnte mitgestalten. Im Nachhinein betrachte ich es als grotesk, dass wir Schnittlauch-Röhrchen mit Farce füllten und nur noch eine Erbsenschote und ein Löffelchen Sauce auf dem Teller lagen. Andererseits war ich von den Möglichkeiten begeistert und entwickelte eine enorme Kreativität. Es blieb mir allerdings auch nicht verborgen, dass wir hier eine Show abzogen und die Grenzen immer mehr überschritten. Jemand kam sogar auf die Idee, bei einer Sylvesterfeier als Mitternachtseinlage für die feinen Gäste ein lebendes Schwein auftreten zu lassen. Laut Küchenvorschrift mussten aber alle Lebensmittel am Abend in das Kühlhaus. So ist auch das Schwein in seiner Kiste dort gelandet, was ich aber erst am nächsten Tag erfahren habe. Das Tier wäre beinahe erfroren und wurde krank. Als bodenständiger Mensch von einem Bauernhof, wo die Tiere immer gut behandelt worden sind, war ich darüber entsetzt und erzürnt und ich dachte mir: „Ja, seid ihr alle wahnsinnig, habt ihr denn überhaupt keinen Boden unter den Füßen?" Sollte das etwa der Inbegriff von Internationalität und Niveau sein?
In dieser Phase hat sich meine Persönlichkeit stark

entwickelt und ich kam beruflich gut voran. Es war die Zeit, als Köche abgeworben wurden wie Fußballspieler, und so kam es, dass ich im Hotel Imperial landete. Zwei Monate lang haben wir dort nur zur Probe gekocht: zehn Köche und kein einziger echter Gast. Es war irre. Dann gab es eine Rieseneröffnung und alles ging daneben. Wir hatten geplant, durchdacht, berechnet und erprobt, aber immer nur für fünf bis zehn Leute. Bei der Eröffnung waren aber 70 Gäste.

Als Kontrastprogramm zum dekadenten Überfluss der Spitzengastronomie begeisterte mich die Grünbewegung der 80er-Jahre. Es war die Zeit von Hainburg, in der viel über Atomkraft und Ressourcenvernichtung diskutiert wurde. Die Milch musste in der Flasche gekauft werden, Plastiksackerln waren ein Tabu. Und bei jeder Gelegenheit ab in die Au! Ich ging oft mit Uli dort spazieren, obwohl uns fast die Gelsen gefressen haben. Wir waren dabei und haben demonstriert. Diese Zeit war prägend für mein soziales Gewissen und ich habe später versucht, dies auch in meiner Arbeit umzusetzen.

„Lass uns aussteigen", sagte ich zu Uli, die damals in einer Bank arbeitete und mit ihrem Job auch nicht unbedingt glücklich war. So dachten wir über ein Leben in Anschauung und Muße nach: „Wir werden Bauern. Wir werden Zucchini züchten und sieben Kinder haben. Wir fahren einmal in der Woche mit dem Fahrrad auf den Markt und verkaufen Erdäpfel", malte ich mir aus. Doch wir hatten kein Geld und zurück zu den Eltern wollte ich auch nicht. Irgendwann habe ich eingesehen, dass es wahrscheinlich nicht funktionieren würde. In der Fantasie war es perfekt: Die Sonne scheint, wir lieben uns. Was wollen wir mehr. Wozu der ganze Stress für ein paar Wochen Urlaub im Jahr?

Da kam völlig überraschend ein berufliches Angebot vom Hotel Pierre in New York. Und ich dachte mir: „Nichts wie hin!"

Oben: Kuvertüreblöcke
Unten: Kakaobutter

Zanderfilet mit Schokokruste

4 Portionen, Zubereitung ca. 40 Minuten
(zum Kühlen 1 Stunde)

4 Zanderfilets ohne Haut (à 130 g) ▪ 3 EL Olivenöl
Saft von 1/2 Limette
Schokokruste: 4 dünne Scheiben Rohschinken (getrocknet) ▪ 20 g weiche Butter ▪ 1 Dotter
50 g Zotter Kakaonibs (geröstete Kakaobohnen gebrochen, feinst gehackt) ▪ 2 Scheiben entrindetes Toastbrot (fein gerieben) ▪ 50 g Pinienkerne (fein gehackt)
Limettensauce: 5 EL Noilly Prat ▪ 2 EL Pernod
5 EL Weißwein ▪ 200 ml Fisch- oder Hühnersuppe
1 Estragonzweig ▪ 1 Lorbeerblatt ▪ 4 Pfefferkörner
2 EL kalte Butterstücke ▪ 1/2 Limette
Salz, Pfeffer, Piment (gemahlen), Mehl (griffig)

1 Für die Kruste Schinken in möglichst kleine Stücke schneiden. Butter mit einer Prise Salz gut cremig schlagen, Dotter, feinst gehackte Kakaonibs, geriebenes Toastbrot, Pinienkerne und ein wenig Piment untermischen. Aus der Masse eine Rolle formen, in Frischhaltefolie wickeln und ca. 1 Stunde kühl stellen.
2 Für die Sauce Noilly Prat, Pernod und Wein auf ein Drittel der ursprünglichen Menge einkochen. Suppe zugießen, Estragon, Lorbeer und Pfefferkörner zugeben. Fond auf die Hälfte einkochen, durch ein Sieb gießen und beiseite stellen.
3 Backrohr auf 220 °C vorheizen. Passende Auflaufform mit Olivenöl ausstreichen
4 Fischfilets mit Salz, Pfeffer und Limettensaft würzen und eine Seite in Mehl tauchen. Mit der unbemehlten Seite nach unten in die Form setzen. Kruste aus der Folie wickeln, in dünne Scheiben schneiden und die bemehlte Seite damit belegen. Filets ins Rohr (mittlere Schiene/Gitterrost) schieben und 10–12 Minuten garen.
5 Parallel dazu Fond aufkochen, durch Einrühren der Butterstücke binden und mit ein wenig Salz, Limettensaft und abgeriebener Limettenschale verfeinern. Sauce nicht mehr kochen.
6 Fischfilets mit Limettenfond beträufelt servieren.
Als Beilage passen in feine Streifen geschnittene und kurz in Erdnussöl geröstete Erbsenschoten. Aber auch geröstete Sprossen, junger Knoblauch sowie heurige Minierdäpfel.

Paradiesapfel-Olivenöl

Chili

Entenbrust mit Chili-Schokoladesauce

4 Portionen, Zubereitung ca. 45 Minuten

2 Entenbrustfilets mit Haut (am besten Barberieente)
2 EL Butterschmalz ▪ 2 kleine Thymianzweige
Sauce: 50 ml roter Portwein (nicht zu süß)
50 ml Rotwein (Blauburgunder) ▪ 200 ml dunkler Geflügelfond ▪ 1/2 Tafel ZOTTER Schokolade Chili (klein geschnitten) ▪ 1 EL kalte Butterstücke
Garnitur: 2 Salatherzen ▪ 1 EL Butter
Salz, Pfeffer aus der Mühle, Zucker

1 Backrohr auf 180 °C vorheizen. Haut der Entenbrüste mit einem scharfen Messer nicht zu tief kreuzweise einschneiden. Fleisch beidseitig mit Salz und Pfeffer würzen.
2 In einer Pfanne (mit hitzebeständigen Griffen) 1 EL vom Butterschmalz erhitzen. Entenbrüste mit der Hautseite nach unten einlegen, anbraten und mit Thymianzweigen belegen. Pfanne ins vorgeheizte Rohr (untere Schiene/Gitterrost) stellen und die Brüste je nach Garungsgrad 8–12 Minuten braten – nach halber Garzeit wenden.
3 Inzwischen Port- und Rotwein auf ein Drittel der ursprünglichen Menge einkochen. Geflügelfond zugießen und die Sauce auf die Hälfte einkochen. Schokolade zugeben und unter Rühren in der Sauce auflösen. Sauce durch Einrühren der Butterstücke binden, nicht mehr kochen, eventuell salzen.
4 Entenbrüste aus der Pfanne nehmen und mit Alufolie zugedeckt ca. 10 Minuten rasten lassen.
5 Für die Garnitur Salatherzen waschen, der Länge nach halbieren. Butter erhitzen und eine Prise Zucker einstreuen. Salathälften einlegen, rundum anbraten und im Rohr ca. 5 Minuten ziehen lassen.
6 Übriges Schmalz erhitzen, Entenbrüste mit der Hautseite nach unten einlegen und nochmals scharf anbraten. Brüste aus der Pfanne nehmen, quer zum Verlauf der Faser in dünne Scheiben schneiden und mit Sauce und Salatherzen anrichten. Als Beilage empfehlen sich Gnocchi, Grießknöderln, Braterdäpfel oder feine Linguine.

Tipps: Je nach Geschmack kann man statt der Zotter Schokolade Chili auch 40 g Bitterkuvertüre, verfeinert mit fein gehackten Chilischoten verwenden.

Wenn man den Geschmack verändern will, kann man statt Portwein auch die gleiche Menge Banyuls (Roter Süßwein aus Südfrankreich) für die Zubereitung der Sauce verwenden.

Mini-Kaffeeschokolade Gugelhupf mit Nüssen

5 Portionen, Zubereitung ca. 50 Minuten

300 g glattes Mehl ■ 2 Tafeln ZOTTER Schokolade Kaffee oder 150 g dunkle Kuvertüre ■ 100 g Walnüsse (grob gehackt) ■ 6 mittlere Eier ■ 320 g weiche Butter 50 g weiches Rohmarzipan ■ 40 g Staubzucker 1 Pkg. Vanillezucker ■ Schale von Zitrone (unbehandelt) 200 g Kristallzucker ■ 3 EL Kaffeelikör (Tia Maria)

Glasur: 200 g Fondant ■ 3 EL starker Kaffee (Espresso) 4 EL grobe Schokospäne ■ Butter, Mehl, Salz

1 Backrohr auf 160 °C vorheizen. Fünf kleine Gugelhupfförmchen (Inhalt 200 ml) mit Butter ausstreichen und mit Mehl ausstreuen.

2 Mehl sieben. Schokolade in ca. 1/2 cm große Stücke schneiden, mit Mehl und Nüssen mischen. Eier in Dotter und Klar trennen. Weiche Butter mit Prise Salz, Marzipan, Staubzucker, Vanillezucker und abgeriebener Zitronenschale schaumig rühren. Dotter nach und nach zugeben.

3 Eiklar mit Kristallzucker zu cremigem Schnee schlagen. Ein Drittel des Schnees und den Likör in die Masse rühren. Mehlmischung und übrigen Schnee unterheben. Masse gleichmäßig in die Förmchen füllen und im Rohr (mittlere Schiene/Gitterrost) ca. 20 Minuten backen.

4 Gugelhupf aus dem Rohr nehmen, ca. 5 Minuten abkühlen lassen, aus der Form stürzen und auskühlen lassen.

5 Für die Glasur Fondant mit Espresso über Wasserdampf auf ca. 30 °C (lippenwarm) erwärmen. Dabei öfters umrühren, die Glasur soll dickflüssig sein. Gugelhupf mit der Glasur streifenförmig verzieren, gelingt am besten mit einem Löffel. Glasur fest werden lassen, dann den Gugelhupf mit Schokospänen bestreuen.

Variante: Je nach Geschmack kann man aus der Masse auch einen großen Gugelhupf backen. Dazu eine Gugelhupfform (Inhalt 2 1/2 l) mit Butter ausstreichen und mit Mehl ausstreuen. Masse wie im Rezept beschrieben zubereiten und in die Form füllen. Gugelhupf im vorgeheizten Rohr (untere Schiene/Gitterrost) ca. 1 Stunde backen.

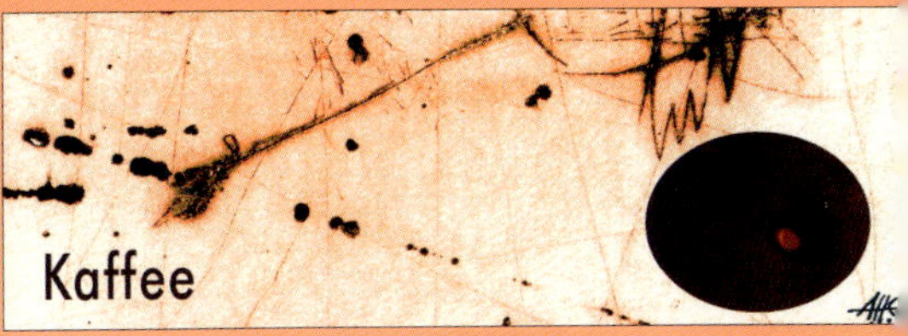
Kaffee

Zitronenpolenta

Gebackene Mäuse gefüllt mit Polenta-Schokolade

4 Portionen (á 7 Stück), Zubereitung ca. 40 Minuten (zum Teigrasten 1 Stunde)

Teig: 200 ml Milch ▪ 15 g Germ ▪ 3 Dotter
1 Pkg. Vanillezucker ▪ 20 g Staubzucker ▪ Schale von 1 Zitrone (unbehandelt) ▪ 290 g glattes Mehl
50 g weiche Butter
Fülle: 1 Tafel ZOTTER Schokolade Zitrone + Polenta oder 80–100 g Milchkuvertüre ▪ Salz, Öl zum Backen, Staubzucker

1 Milch lippenwarm (ca. 30 °C) erwärmen und die Germ darin auflösen. Dotter mit einer kleinen Prise Salz, Vanillezucker, Staubzucker und abgeriebener Zitronenschale schaumig rühren.
2 Mehl zugeben und die Masse mit einem Kochlöffel gut abschlagen. Butter zugeben und die Masse nochmals abschlagen. Teig mit einem Tuch zudecken und bei Zimmertemperatur ca. 1 Stunde rasten lassen; er sollte sein Volumen verdoppeln.
3 Ca. 3 Finger hoch Öl auf ca. 170 °C erhitzen. Schokolade in 28 gleich große Stücke schneiden. Einen Esslöffel in das heiße Öl tauchen. Mit Löffel aus dem Teig Nockerln ausstechen. Jedes Nockerl mit einem Stück Schokolade füllen, achten, dass die Schokolade gut mit Teig umhüllt ist.
4 Nockerln im heißen Öl goldgelb backen, mit einem Gitterlöffel herausheben und auf Küchenpapier gut abtropfen lassen. Gebackene Mäuse anrichten, mit Staubzucker bestreuen und mit Apfelspalten garniert servieren.

Karamellisierte Apfelspalten

4 Portionen, Zubereitung ca. 15 Minuten

3 mittlere Äpfel ▪ 3 EL Kristallzucker ▪ 125 ml Apfelsaft

1 Äpfel schälen, vierteln und Kerngehäuse ausschneiden. Apfelviertel in ca. 2 cm dicke Spalten schneiden.
2 Zucker schmelzen, Apfelscheiben einlegen, beidseitig anbraten. Apfelsaft zugießen und ein wenig einkochen lassen. Apfelspalten vom Herd nehmen und beiseite stellen.

Bevor der Kakao auf Reisen geht

Bei der Kakaoernte dabei zu sein, ist ein besonderes Erlebnis. Mit langen Stangen, an denen speziell geformte Messer befestigt sind, schneiden die Plantagenarbeiter die zehn bis zwanzig Zentimeter langen, kürbisähnlichen Früchte von den Bäumen. Anschließend bringen sie die Früchte zu Sammelplätzen in den Plantagen und halbieren sie mit einem gezielten Schlag. Sie müssen dabei geschickt arbeiten, um die Samen nicht zu zerstören. Die Verarbeitung muss umgehend stattfinden, denn die Kakaofrucht verliert ihre schöne Farbe relativ rasch und beginnt aufgrund der Hitze schnell zu fermentieren. Schon nach zwei Tagen ist sie schwarz und nicht mehr zu verwenden.

Daher werden die Kakaosamen mit dem Fruchtfleisch, auch Pulpe genannt, gleich an Ort und Stelle, im Schatten von mächtigen Bäumen, aus der Frucht geholt. Wie zu Zeiten der Azteken wird dies noch heute durch Handarbeit erledigt.

In den 0,5 bis 2 Kilogramm schweren Früchten sind etwa 20–50 Kakaobohnen enthalten. Für eine Tafel Schokolade werden später ca. 40 Kakaobohnen benötigt. Grob gerechnet muss also für jede Schokotafel eine Frucht geerntet werden. Doch nicht jede Frucht wird zu Kakao verarbeitet: Das Fruchtfleisch wird von den Regenwald-Bewohnern auch gerne als eine Art Zuckerlersatz gelutscht. Es schmeckt süßsäuerlich und man könnte es mit Litschi vergleichen, finde ich. Die Schale und die Kerne werden nicht gegessen.

Der nächste Arbeitsschritt nach der Ernte ist die Fermentation: Dieser Gärvorgang ist eigentlich der entscheidende Prozess vom Kakaosamen zum Rohkakao. Auf den Haciendas, den Höfen der Plantagenbesitzer, die oft nur aus einfachen Hütten mit Blechdächern bestehen, werden die aus der Schale gelösten Kakaosamen und das Fruchtfleisch auf Bananenblätter geschüttet und mit Blättern zugedeckt.

In größeren Plantagen hingegen fermentieren die Samen in Holzkisten, wodurch eine bessere Qualität erzielt wird. Im Prinzip passiert dasselbe: Bei den

In der Solartrockenanlage müssen die fermentierten Kakaobohnen regelmäßig gewendet werden.

tropischen Temperaturen setzt die Gärung schnell ein, wobei Hefe und Bakterien das Fruchtfleisch, das die Samen umschließt, verdauen. Je nach Sorte gären die Kakaosamen in zwei bis sechs Tagen. Ich habe das einmal erlebt, als die Kakaobohnen quasi vor unserem Zimmerfenster zur Fermentation angesetzt wurden, und muss von einem erbärmlichen Geruchserlebnis berichten, das mit Schokoladenphantasien aber schon rein gar nichts zu tun hat. Ich kann nur sagen: Da steht man morgens gerne auf. Das Positive an der chemischen Reaktion ist, dass die Keime absterben und die Bohnen nicht mehr austreiben können. Dieses Verfahren ermöglicht nicht nur den Transport des Kakaos, es macht ihn auch haltbar und die ersten Geschmacksaromen, die sich später in der Schokolade wiederfinden, entstehen.

Für eine Tafel Schokolade werden in etwa 40 Kakaobohnen benötigt.

Die Arbeit auf den Plantagen vergleiche ich gerne mit der Arbeit der Winzer: Wenn im Weingarten Fehler passieren oder im Keller nicht sauber gearbeitet wird, wirkt sich das auf den Wein aus. Gibt es Fehlgärungen, dann wird nie ein Spitzenwein daraus entstehen. Nicht anders verhält es sich beim Kakao.
Nach der Fermentation müssen die Kakaobohnen noch getrocknet werden, um den hohen Wasser gehalt von 50 auf 5–7 % zu reduzieren. Das ist in der Regel der letzte Arbeitsschritt auf den Plantagen. Wenn es regnet, tragen die Leute die Kakaobohnen einfach ins Haus. Natürlich hängt es von der Größe der Plantage ab, wie gearbeitet wird: Bei den kleinen Haciendas mit einem durchschnittlichen Ertrag von 200 Kilo im Jahr legen die Kakaobauern die Bohnen am Boden aus, wenden sie regelmäßig und lesen schadhaften Kakao aus. In den größeren Plantagen gibt es spezielle Trocknungsanlagen mit Überdachungsmöglichkeit, die als „Solartrockner" bezeichnet werden und wo sich das Aroma der Kakaobohnen weiterentwickelt. Ohne Sonne geht aber auch hier gar nichts.
Erst wenn der Trocknungsprozess abgeschlossen ist, kann von Rohkakao im eigentlichen Sinn gesprochen werden. Danach geht das „braune Gold" den üb-

Verpackt in Jutesäcke wird die kostbare Fracht verschifft.

lichen Handelsweg. Die Händler holen den Kakao von den Bauern ab, bringen ihn in die Häfen, wo die Kakaobroker über die Welthandelspreise bestimmen. Anders ist es nur bei Transfair-Kakao, weil die Zwischenhändler weitestgehend ausgeschaltet und den Bauern fixe Preise garantiert werden. Verpackt in große Container geht der Kakao auf Reisen.
Seine Destination: Schokoladenfabriken in aller Welt.

Als die Schokolade nach Europa kam

Zu einer Zeit, als wir Europäer nicht einmal den leisesten Schimmer von Schokolade hatten, zählten die Olmeken das Wort „Kakao" – ursprünglich „kakawa" ausgesprochen – bereits zu ihrem Wortschatz. Das im fruchtbaren Tiefland am Golf von Mexiko lebende Volk hatte die Früchte bereits vor ca. 3000 Jahren entdeckt. Was sie genau mit den Bohnen gemacht haben, ist nicht überliefert. Aus der Zeit der Mayas gibt es dann konkretere Hinweise: Neben Wandzeichnungen existieren noch Gefäße, aus denen Kakao getrunken wurde. Einige Stämme trieben re-

Oben: Quetzalcoatl, der Gott des Windes und des Mondes. Er soll den Tolteken durch fleißige Ameisen die Samenkerne des Kakaobaumes geschickt und ihnen die Zubereitung des Göttertrankes „Xocoatl" beigebracht haben. Maske aus Türkismosaik, um 1520.

Oben: Zubereitung des „Xocolatl" bei den Azteken. Kakaobohnen werden geröstet, gemahlen und mit Wasser und Gewürzen schaumig gerührt. Stich von Olfert Dapper.

gen Handel mit Kakaobohnen, die auch als Zahlungsmittel verwendet wurden. Für ein Kaninchen gingen acht Kakaobohnen über den Ladentisch und für einen Sklaven wechselten 100 Kakaobohnen den Besitzer. Sollte es wieder einmal zu einer Währungsdiskussion kommen, kann ich als Chocolatier nur für die Einführung von Kakaobohnen plädieren.
Bei den Azteken hatte die Schokolade bereits einen sehr hohen Stellenwert, allerdings als Luxusprodukt für die Reichen. Sie spielte in der Religion und bei Ritualen eine wichtige Rolle. Für die „Xocoatl", wie sie damals genannt wurde, wurden Kakaobohnen geröstet, gemahlen und mit Wasser und Gewürzen schaumig gerührt. Christoph Kolumbus muss wohl ein kulinarischer Banause

Oben: Stukkierter und bemalter Maya-Keramikkrug aus einem Grab in Guatemala. Die linke Hieroglyphe am verschließbaren Deckel ist die Maya-Bezeichnung für Kakao. Um 500 n. Chr.

N°. 1. Récolte du Cacao.

N°. 3. Fabrication du Chocolat.

gewesen sein, denn er erkannte bei seiner Entdeckung Amerikas die Bedeutung der Kakaobohne nicht. Erst der spanische Eroberer Hernán Cortéz lernte im 16. Jahrhundert die Schokolade schätzen und brachte sie mit nach Europa, wo ihr anfangs von Seiten der Kirche und der Medizin viel Misstrauen entgegengebracht wurde. Bei den wohlhabenden Spaniern wurde die heiße Schokolade jedoch bald sehr begehrt und mit Vanille, Honig und Gewürzen verfeinert. In einer andalusischen Liebesballade hieß es beispielsweise: „Wann kommt der Tag, der glückselige Morgen, wenn uns beiden die Schokolade ans Bett serviert wird?"

P. 38.

N°. 2. Atelier où l'on pille le Cacao.

N°. 5. Laboratoire du Confiseur

Weil die Spanier ein Handelsmonopol auf Schokolade hatten und die Köstlichkeit lieber für sich behielten, dauerte es fast hundert Jahre, bis an alle Höfe Europas Schokolade geliefert wurde: Die „beautiful people" der damaligen Zeit waren ganz wild auf das Getränk der Indios. Unter den so genannten drei „warmen Lust-Getränken" Tee, Kaffee und Schokolade war die Schokolade rasch das vornehmste und teuerste. In London entstanden die ersten öffentlichen Schokoladehäuser: Dort muss es ziemlich lebhaft zugegangen sein, was einen nicht wundern darf, denn die Briten versetzten die Schokolade mit Wein oder Whiskey.

Aber nicht alle haben die Schokolade so freudig begrüßt: Ein Wiener Mediziner namens Johann Michael Haider hat sich mit einer Dissertation über Schokolade ziemlich unbeliebt gemacht. Er bezeichnete sie als „Venus-Speise" und wollte ihren Genuss zumindest für die Geistlichen verboten wissen. Mehr hat es nicht gebraucht: Der Zorn der empörten Wiener Geistlichkeit soll zur Verbrennung der Schrift und zur Amtsenthebung des Professors geführt haben, der bei der Verteidigung dieser Doktorarbeit für den Skandal verantwortlich gemacht wurde.
Offiziell kam die Schokolade erst 1711 nach Österreich, als Kaiser Karl IV. seinen Hofstaat von Madrid nach Wien übersiedelte. Immerhin waren wir noch vor den US-Amerikanern dran, die überhaupt erst 1755 in den Genuss der süßen Köstlichkeit kamen. Der Siegeszug der Schokolade – zu dem Zeitpunkt immer noch Trinkschokolade – war nicht mehr zu stoppen.

Fließende Schokolade: das Grundprodukt aller Schokoerzeugnisse und fixer Bestandteil kühnster Schokoträume.

Schokoladetorte
mit Chili und Ingwer

1 Torte (12 Stück), Zubereitung ca. 1 1/4 Stunden (zum Kühlen insgesamt 3 Stunden)

130 g glattes Mehl ■ 2 Tafeln ZOTTER Schokolade Chili oder 150 g dunkle Kuvertüre ■ 6 mittlere Eier
130 g weiche Butter ■ 40 g Staubzucker
1 Pkg. Vanillezucker ■ 1 EL frischer Ingwer (fein geraspelt)
180 g Kristallzucker ■ 100 g Marillenmarmelade (passiert)

Glasur: 250 g Bitter-Kuvertüre (gehackt)
180 ml Schlagobers ■ 50 g Honig ■ Butter, Mehl, Salz

1 Backrohr auf 200 °C vorheizen. Springform (Durchmesser 24 cm) mit Butter ausstreichen und mit Mehl ausstreuen.
2 Mehl sieben. Schokolade in kleine Stücke schneiden und über Wasserdampf schmelzen. Eier in Dotter und Klar trennen. Weiche Butter mit Staubzucker, Vanillezucker, Ingwer und einer Prise Salz gut schaumig rühren.
3 Zuerst nach und nach Dotter, dann die geschmolzene Schokolade einrühren. Eiklar mit Kristallzucker zu cremigem Schnee schlagen und unter die Schokomasse heben. Mehl unterheben.
4 Masse in die vorbereitete Form füllen, gleichmäßig verstreichen und im Rohr (mittlere Schiene/Gitterrost) ca. 45 Minuten backen. Torte aus dem Rohr nehmen und in der Form auskühlen lassen.
5 Torte aus der Form lösen und einmal horizontal durchschneiden. Marmelade erhitzen und glatt rühren. Unteren Tortenboden mit ca. 3 EL Marmelade gleichmäßig bestreichen, oberen Tortenboden darauf setzen. Restliche Marmelade rundum glatt auf der Torte verstreichen.
6 Für die Glasur Kuvertüre mit Obers und Honig verrühren und über Wasserdampf schmelzen, dabei öfter umrühren. Glasur über die Torte gießen und gleichmäßig verstreichen. Torte zum Festwerden der Glasur ca. 2 Stunden kühl stellen.

Chili

BitterClassic

Schokotorte mit Kardamom und Himbeeren

1 Torte (12 Stück), Zubereitung ca. 1 1/4 Stunden

Schokomasse: 4 Tafeln ZOTTER Bitter Classic oder 300 g dunkle Kuvertüre (fein gehackt)
250 g weiche Butter ■ 1 Vanilleschote ■ 1/2 TL Zimt (gemahlen) ■ 2 TL Kardamom (gemahlen)
180 g Kristallzucker ■ 5 Eier ■ 2 EL glattes Mehl

Creme und Garnitur: 100 ml Schlagobers
100 g Mascarpone ■ 3 EL Staubzucker
250 g Himbeeren ■ Butter, Mehl, Salz, Kakao

1 Backrohr auf 190 °C vorheizen. Springform (Durchmesser 24 cm) mit Butter ausstreichen und mit Mehl ausstreuen.

2 Kuvertüre und Butter über Wasserdampf langsam schmelzen. Inzwischen Vanilleschote längs aufschneiden und das Mark auskratzen.

3 Schokomischung mit einer kleinen Prise Salz, Zimt, Kardamom, Vanillemark und Zucker mit einem Schneebesen einrühren. Eier nach und nach unter die Masse rühren. Mehl darüber sieben und behutsam unterheben.

4 Masse in die Form füllen, gleichmäßig verstreichen und im Rohr (mittlere Schiene/Gitterrost) ca. 35 Minuten backen. Am Ende der Garzeit sollte die Torte in der Mitte noch speckig sein. Torte aus dem Rohr nehmen und auskühlen lassen.

5 Obers cremig aufschlagen. Mascarpone mit Staubzucker verrühren und das Obers behutsam unterheben. Springform öffnen und abheben. Torte mit Mascarponecreme bestreichen, mit Himbeeren belegen und mit Kakao bestreuen.

Bergkäse-Schokolade-Koch

6 Portionen, Zubereitung ca. 45 Minuten

1 Tafel ZOTTER Schokolade Bergkäse·Walnüsse·Trauben oder 80 g Milchschokolade ■ 5 Eier ■ 60 g weiche Butter ■ 30 g Staubzucker ■ 1 Pkg. Vanillezucker 40 g Kristallzucker ■ 70 g geschälte Mandeln (gerieben) 3 EL Semmelbrösel ■ Butter, Kristallzucker, Salz

1 Backrohr auf 180 °C vorheizen. Sechs Auflaufförmchen (Inhalt 150 ml) mit Butter ausstreichen und mit Kristallzucker ausstreuen. In eine Metallform mit dünnem Boden ca. 3 cm hoch Wasser gießen und ins Rohr (untere Schiene/Gitterrost) stellen.

2 Schokolade in kleine Stücke schneiden und über Wasserdampf schmelzen. Eier in Dotter und Klar trennen. Weiche Butter mit Staubzucker, Vanillezucker und einer Prise Salz gut schaumig rühren. Zuerst geschmolzene Schokolade, dann die Dotter nach und nach unter Rühren zugeben. Eiklar mit Kristallzucker zu cremigem Schnee schlagen. Schnee, Mandeln und Brösel behutsam unter die Schokomasse heben.

3 Förmchen bis knapp 1 cm unter den Rand füllen und ins vorbereitete Wasserbad stellen – die Förmchen sollen halbhoch im Wasserbad stehen. Aufläufe ca. 20 Minuten garen. Aus dem Rohr nehmen, auf Teller stürzen und mit Sabayon und Traubenkompott servieren.

Sabayon

6 Portionen, Zubereitung ca. 10 Minuten

3 Dotter ■ 1 Eiklar ■ 60 g Kristallzucker ■ 125 ml Weißwein

Dotter, Eiklar, Zucker und Wein in einem Rührkessel mit einem Schneebesen gut verrühren und über Wasserdampf dickcremig aufschlagen.

Traubenkompott

6 Portionen, Zubereitung ca. 15 Minuten

100 g Trauben ■ 1 EL Speisestärke ■ 250 ml Apfelsaft 2 EL Honig ■ 1 Prise Zimt (gemahlen) ■ 50 g Walnüsse (grob gehackt)

Trauben halbieren und entkernen. Stärke mit 2 EL vom Apfelsaft vermischen. Übrigen Saft mit Honig und Zimt verrühren und aufkochen. Stärkemischung einrühren und die Sauce so lange köcheln, bis sie eindickt (dauert ca. 1 Minute). Trauben und Nüsse zugeben, kurz ziehen lassen und vom Herd nehmen.

Bergkäse · Walnüsse · Trauben

Orange

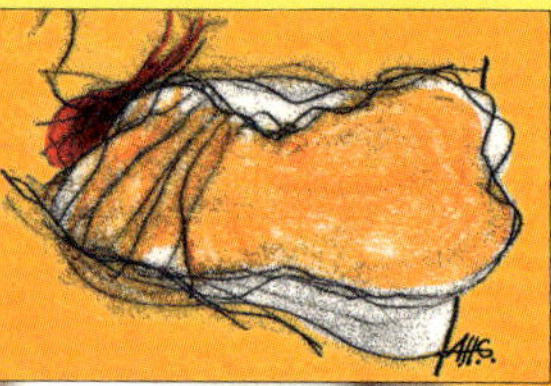

Schokolade-Gateau (flüssiger Schokokuchen)

5 Portionen, Zubereitung ca. 50 Minuten

125 g weiche Butter ▪ 125 g Bitter-Kuvertüre (fein gehackt) ▪ 2 Eier ▪ 2 Dotter ▪ 60 g Staubzucker
1 MS Chilipaste oder 1 kleine Chilischote (fein gehackt)
20 g glattes Mehl ▪ Butter, Mandeln (gerieben)

1 Backrohr auf 180 °C vorheizen. Auflaufförmchen (Inhalt ca. 150 ml Inhalt) mit Butter ausstreichen und mit Mandeln ausstreuen.
2 Weiche Butter und Kuvertüre über Wasserdampf langsam schmelzen. Eier, Dotter, Staubzucker und Chilipaste ca. 10 Minuten gut schaumig schlagen. Zuerst Butter-Schokolademischung, dann Mehl behutsam unter die Dottermasse heben.
3 Masse in einen Dressiersack (ohne Tülle) füllen und die Förmchen damit bis ca. 1 cm unter Rand füllen. Förmchen ins Rohr (mittlere Schiene/Gitterrost) stellen und ca. 8 Minuten backen.
4 Am Ende der Garzeit sollte die Masse in der Mitte der Förmchen noch flüssig sein. Aufläufe auf Teller stürzen und mit Zwergorangen-Kompott servieren.

Zwergorangen-Kompott

5 Portionen, Zubereitung ca. 30 Minuten

250 g Zwergorangen ▪ 120 ml Orangensaft
1 EL Speisestärke ▪ 60 g Gelierzucker (1:1) ▪ Salz

1 Zwergorangen halbieren und in leicht gesalzenem Wasser ca. 2 Minuten kochen. Früchte in ein Sieb schütten und gut abtropfen lassen.
2 Ca. 2 EL vom Orangensaft mit Stärke vermischen. Übrigen Saft mit Gelierzucker aufkochen und die Früchte zugeben. Stärkemischung einrühren und die Früchte nochmals aufkochen. Kompott vom Herd nehmen und auskühlen lassen.

Schokolade ist gesund

Die Tatsache, dass Schokolade nicht nur gut schmeckt und glücklich macht, sondern auch noch gesund ist, freut mich als Chocolatier natürlich besonders. Ich verfolge gespannt, was die Ernährungswissenschaft alles über unser Produkt herausfindet. Insgesamt kann man sagen, dass die Schokolade in all ihren Bestandteilen wertvoll und gesund ist. Allerdings sollte man auch das Kleingedruckte lesen: Wenn jemand Schokolade zu sich nimmt, die aus viel Zucker, gehärteten Fetten und Konsumkakao, der reichlich mit Chemikalien behandelt wurde, besteht, braucht er nicht zu glauben, damit seiner Gesundheit etwas Gutes zu tun. Es kommt auf die Höhe des Kakaoanteils und die Qualität der Zutaten an, ob die Schokolade ihr gesundes Potenzial entfalten kann.
Es grassieren ja etliche Gerüchte über die Schokolade: Am beliebtesten ist jenes, wonach Schokolade ein Dickmacher sein soll. Wenn Schokolade dick macht, dann liegt es jedoch einzig und allein an der Menge, die man zu sich nimmt. Auch die Verantwor-

Dieser Kakaobauer in Nicaragua kostet zum ersten Mal in seinem Leben Schokolade. Es ist eine Zotter-Schokolade.

tung für schlechte Haut wurde schon der Schokolade zugeschoben. Untersuchungen haben aber ergeben, dass es keinen Zusammenhang zwischen Schokoladengenuss und Akne gibt. Die Ursachen für Allergien, Kopfschmerzen und Verstopfung konnten ebenfalls nicht bei der Schokolade gefunden werden.
Nicht einmal für einen erhöhten Cholesterinspiegel kann man ihr die Schuld in die Schuhe schieben: Kakaobutter enthält Stearinsäure. Im Gegensatz zu allen anderen gesättigten Fettsäuren hat diese aber keinen Einfluss auf den Cholesterinspiegel und senkt sogar das Gesamt-Cholesterin.
Ein Gerücht, das Schlagzeilen verursacht und echten Schrecken verbreitet hat, war die „Blutschokolade". Ein Düsseldorfer Privatmann hat 1995 versucht, eine tierbluthaltige Schokolade zum Patent anzumelden. Keine Ahnung, was den Menschen dazu bewogen hat, denn es gibt keine Veranlassung dafür, Süßwaren unter Verwendung von Blut herzustellen. Zum Trost für alle, die sich noch immer fürchten: Das Patent ist nie erteilt worden.

Einer weiteren nur schwer auszurottenden Legende zufolge soll Kakao für die schlechten Zähne bei Kindern verantwortlich sein – und auch dies ist unrichtig. Laut neueren Erkenntnissen verlangsamt nämlich das im Kakao enthaltene Tannin die Aktivität von Mundbakterien. Spuren von Oxalsäure verhindern die Säureproduktion. Hinzu kommt die Wirkung von Kalzium und Phosphor, die beide die Mineralisation der Zähne unterstützen. Einziger Spielverderber ist der Zucker, und dem kann durch den Genuss von Schokolade mit einem höheren Kakaoanteil entgegengewirkt werden.
In Amerika wird versucht mit den Erkenntnissen der Ernährungswissenschaft Geld zu machen und gesundheitsfördernde Schokolade auf den Markt zu bringen: Es ist nur noch eine Frage der Zeit, bis „Schokolade mit extra vielen Vitaminen" und „herzfreundliche Schokolade" in den Regalen zu finden sein werden. Ich kann diesbezüglich nur versichern: In unserem Hause wird nicht über eine Gesundheitsschokolade nachgedacht.

Was in der Schokolade steckt

Theobromin *stimuliert das zentrale Nervensystem. Das macht wach und erhält die Konzentration. Vorsicht bei Tieren: Bei Hund und Katze kann es tödlich wirken, weil sie diesen Stoff nur sehr langsam abbauen können.*

Koffein: *Die anregende Wirkung des Koffeins macht sich in der Schokolade ebenfalls bemerkbar, allerdings in einer sehr geringen Dosis.*

Flavonoide *sind Stoffe, die sich positiv auf Herz und Kreislauf auswirken. Wissenschaftler haben herausgefunden, dass eine kleine Tafel dunkler Schokolade gleich viele Flavonoide enthalten kann wie sechs Äpfel. Die Betonung liegt aber auf „kann", denn das hängt stark von der Produktion ab, bei der viele Flavonoide zerstört werden können.*

Magnesium *ist ideal gegen Stress und gut für den Stoffwechsel.*

Calcium *ist der Baumeister des Skeletts.*

Eisen *liefert den Zellen Sauerstoff und ist an der Produktion von Blutkörperchen beteiligt.*

Vitamin E *ist wichtig für das Abwehrsystem.*

Lecithin *wird bei der Schokoladenherstellung als Emulgator eingesetzt. Normalerweise wird Sojalecithin verwendet und es liegt in der Verantwortung der Produzenten, dass es auch nicht aus genmanipuliertem Anbau stammt. Lecithin wird als Nahrungsergänzungsmittel angeboten, weil es die Konzentration verbessert, sich positiv auf die Fließeigenschaft des Blutes auswirkt und den Alterungsprozess verzögert.*

Polyphenole *sind Gerbstoffe, die auch in Rotwein oder Grünem Tee enthalten sind. Sie fangen die so genannten aggressiven Radikale ab und beugen damit Krebs und Herzinfarkt vor.*

Biologischer Kakaoanbau

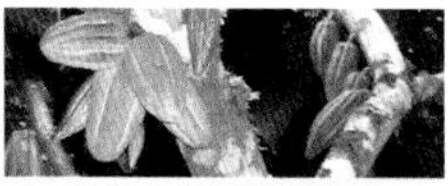

In den 70er-Jahren begann man, Kakaosorten zu züchten, die in vollem Sonnenlicht gedeihen. Als Folge davon wurden intensive Bewässerung, Düngung und Pflanzenschutzmaßnahmen notwendig. Außerdem mußten aufgrund des Fehlens von bestäubenden Insekten die Kakaoblüten von Hand bestäubt werden. Um rentable Plantagen zu schaffen, hat man auch noch fleißig Regenwald abgeholzt.
So wurde das ökologische Gleichgewicht zugunsten höherer Erträge völlig gestört. Durch den intensiven Anbau wurde der Kakao anfällig für Krankheiten und Schädlinge. Da halfen dann nur noch Chemikalien. Werden diese aber falsch oder ohne die erforderliche Schutzkleidung angewendet, können sie zu vielen Krankheiten führen und noch mehr Umweltschäden verursachen. In der Realität ist es so, dass die Arbeiter meist gar nicht wissen, womit sie es zu tun haben. Zumindest so lange nicht, bis sie ernsthaft erkranken. Man kann diesem „kranken" Kreislauf nur durch Information und alternative Methoden der Schädlingsbekämpfung entgegenwirken. Und damit sind wir beim biologischen Kakaoanbau:
Die naturnahe Methode bietet ideale Lebensbedingungen und hilft dabei, die Ausbreitung von Kakaokrankheiten einzudämmen und die Kakaoerträge für die Bauern langfristig zu sichern. Nachhaltigkeit beim Kakao beinhaltet die Erzeugung von Qualitätskakao, der den Kleinbauern ein Grundeinkommen sichert. Ich bin sehr stolz darauf, dass unsere Schokoladenmanufaktur bei allen Zutaten, die wir verwenden, auf biologischen Anbau achtet. Mit dem Biozertifikat sind wir Vorreiter in der Branche und gehen einen Weg, der sowohl der Gesundheit als auch dem ökologischen Gleichgewicht der Erde zugute kommt.
Wo biologisch produziert und fair gehandelt wird, ist die Umwelt in Ordnung und die Preise sichern den Bauern zumindest einen Mindestlebensstandard. Das ergibt letztlich auch einen besseren Geschmack für die Schoko-Konsumenten.

Die Trinkschokolade – heute wie einst

Wer seine Gäste oder sich selbst gerne mit etwas Besonderem verwöhnen möchte, ist mit Trinkschokolade gut beraten. Man kann aus der Zubereitung ein kleines Ritual machen und dabei die gute, alte Schokoladenkultur aufleben lassen. Trinkschokolade hatte in Europa von Anfang an den Beigeschmack des süßen Nichtstuns und war somit die perfekte kulinarische Begleitung zu feinsinnigen Gesprächen. Um die Jahrhundertwende wurde das Schokoladetrinken zum gesellschaftlichen Ereignis, zu dem man sich in Schokoladestuben traf. Viele berühmte Persönlichkeiten tranken auch gerne eine Tasse Schokolade schon zum Frühstück. Das weckte die Lebensgeister und gab Kraft für den neuen Tag.
Gerade für stressgeplagte Menschen ist das Schokoladetrinken ein sinnliches Vergnügen, bei dem der Geist durchaus geschärft wird. Ich persönlich biete auch bei geschäftlichen Besprechungen immer Trinkschokolade an und habe damit sehr gute Erfahrungen gemacht: Es schafft eine entspannte Atmosphäre und bietet reichlich Gesprächsstoff – von der Auswahl der Geschmacksrichtung bis zu schokophilen Anekdoten. Es kann schon vorkommen, dass eine Besprechung dann viel länger dauert als ursprünglich anberaumt ...

Das Schokoritual

1. Zuerst die Milch (0,1 bis 0,2 l) erhitzen und aufschäumen.
2. Die Schokolade vorsichtig ins Glas geben. Dann heißt es 1 bis 2 Minuten warten, damit sich die Trinkschokolade auflösen kann.
3. Das Ganze gut verquirlen.
4. Danach wieder warten, damit sich die Aromen optimal entfalten können. Riechen ist erlaubt.
5. Nochmals aufquirlen.
6. Fertig ist der Trinkgenuss.

Träume und Troubles

Träume und Troubles

New York fand ich großartig: das Leben, die Stadt, die Menschen.

„Da braucht keiner einen Stall", dachte ich mir. Im Hotel Pierre standen österreichische Spezialitäten wie Schnitzel, Knödel oder Zander gebraten und andere Klassiker auf der Speisekarte. Zum fünffachen Preis von hier, versteht sich. Trotzdem war das Restaurant jeden Tag bis auf den letzten Platz besetzt. Ich konnte mir gut vorstellen, in New Jersey eine Fabrikhalle zu kaufen, um dort Apfelstrudel herzustellen und ihn nach New York zu liefern.

Der Wunsch nach Selbstständigkeit wurde noch stärker, als ich wieder zurückkam. Ein Restaurant konnten wir uns nicht leisten, doch dem eigenen Kaffeehaus stand nichts mehr im Wege – bis auf eine Konditorausbildung, die ich mir kurzerhand in einem unentgeltlichen Praktikum in der Kurkonditorei Oberlaa angeeignet habe.

Auf das Lokal sind wir durch Zufall gestoßen, als wir einmal in Graz waren. Ich sah ein Schild in der Glacisstraße – „Konditorei zu vermieten" – und habe den Wagen gleich eingebremst. Das Lokal war mit Backstube und Geräten ausgestattet und hatte sogar eine kleine Wohnung dabei. „Wir nehmen es", sagte ich und unterschrieb schon zwei Tage später den Vertrag. Das Kaffeehaus war bei genauerem Hinsehen die reinste Katastrophe: Die Lage war mies, die Toiletten kaputt, der Boden ruiniert und die Geräte hatten auch schon bessere Zeiten gesehen. In meiner Begeisterung hatte ich das alles nicht wahrgenommen. Wir konnten so unmöglich aufsperren.

Die Kosten für den Umbau habe ich völlig unterschätzt. 400.000 Schilling waren es schließlich. Eine Jungunternehmerförderung bekamen wir aufgrund der schlechten Lage nicht und das Bargeld, das Uli und ich gespart hatten, war bald weg. Guter Rat war teuer.

Als ich den Tiefpunkt der Karriere erreichte, konnte ich mir kaum vorstellen, je vom Cover eines Nachrichtenmagazins zu lachen. Zehn Jahre später gewann das Porträtfoto mit dem Titel „Schokokönig Zotter" von Christian Jungwirth den österreichischen Preis für Pressefotografie „OBJEKTIV 2006".

Weiße Schokolade mit Krokant

Weißes Schokolademousse

4 Portionen, Zubereitung ca. 35 Minuten
(zum Kühlen 3 Stunden)

500 ml Schlagobers ■ 2 Blatt Gelatine
250 g weiße Kuvertüre (fein gehackt) oder 3 Tafeln ZOTTER Weiße Schokolade mit Krokant ■ 1 Ei
1 Dotter ■ 2 EL Orangenlikör ■ Salz

1 Obers leicht cremig schlagen und kühl stellen. Gelatine in kaltem Wasser einweichen. Kuvertüre über Wasserdampf schmelzen. Parallel dazu über einem zweiten heißen Wasserbad Ei mit Dotter und einer kleinen Prise Salz so lange dickcremig aufschlagen, bis die Masse deutlich an Volumen zugenommen hat.
2 Masse vom Dampf nehmen. Orangenlikör erwärmen und die gut ausgedrückte Gelatine darin auflösen. Zuerst Gelatinemischung, dann die geschmolzene Kuvertüre (lippenwarm) in die Eimasse rühren. Zuletzt Obers unterheben. Mousse in eine Schüssel füllen und mit Frischhaltefolie zugedeckt mindestens 3 Stunden kühl stellen.
3 Aus dem Mousse Nockerln ausstechen; den Löffel vor jedem Nockerl in lauwarmes Wasser tauchen. Die Nockerln auf Teller setzen und mit Nüssen und Paprikasauce garniert servieren.

Karamellisierte Maccadamianüsse

4 Portionen, Zubereitung ca. 10 Minuten

2 EL Kristallzucker ■ 20 Macadamianüsse

In einer Pfanne Zucker und Nüsse bei schwacher Hitze goldbraun karamellisieren, Pfanne dabei schwenken. Nüsse auf einen Teller geben und auskühlen lassen

Paprikasauce

4 Portionen, Zubereitung ca. 10 Minuten

100 g rote Paprika (pikant eingelegt) ■ 1 TL Honig

1 Paprika in einem Sieb gut abtropfen lassen und klein schneiden. Paprika mit 4 EL Wasser mischen und mit einem Stabmixer fein pürieren.
2 Püree durch ein feines Sieb streichen und mit dem Honig gut verrühren.

Mohn-Schokoladeschnitte

1 Kuchen (12 Stück), Zubereitung ca. 1 Stunde (zum Kühlen gesamt 7 Stunden)

Mohnmasse: 6 Eier ▪ 150 g weiche Butter 70 g Staubzucker ▪ 1 Pkg. Vanillezucker ▪ Schale von 1/2 Orange ▪ (unbehandelt) ▪ Schale von 1/2 Zitrone (unbehandelt) ▪ 150 g Graumohn (gerieben) 60 g Mandeln (gerieben) ▪ 60 g Kristallzucker

Mohn-Schokoladecreme: 1 Tafel ZOTTER Schokolade Weißer Mohn mit Zimt und Marillenbrand ▪ 1 Ei ▪ 1 Blatt Gelatine 250 ml Schlagobers

Belag und Garnitur: 500 g Marillen Saft von 1 Zitrone ▪ 50 g Gelierzucker (1:1) 100 g weiße Schokospäne ▪ Salz

1 Backrohr auf 160 °C vorheizen. Backblech (mit hohem Rand) mit Backpapier belegen.

2 Für die Mohnmasse Eier in Dotter und Klar trennen. Butter mit einer Prise Salz, Staubzucker, Vanillezucker sowie abgeriebener Orangen- und Zitronenschale gut cremig rühren. Dotter nach und nach einrühren. Mohn und Mandeln untermischen. Eiklar mit Kristallzucker zu cremigem Schnee schlagen und unter die Mohnmasse heben.

3 Masse auf der Hälfte des Bleches (ca. 20 x 15 cm) gleichmäßig verstreichen und im Rohr (mittlere Schiene) ca. 20 Minuten backen. Aus dem Rohr nehmen, auf eine Platte (sollte in den Kühlschrank passen) setzen und auskühlen lassen.

4 Für die Creme Gelatine in kaltem Wasser einweichen. Schokolade in kleine Stücke schneiden und über Wasserdampf schmelzen. Ei über einem zweiten heißen Wasserbad dick cremig aufschlagen, vom Dampf nehmen und die ausgedrückte Gelatine darin auflösen. Schokolade einrühren und die Masse kurz abkühlen lassen.

5 Obers schlagen und unterheben. Creme auf dem Mohn-Schokoladekuchen gleichmäßig verstreichen und zum Festwerden ca. 6 Stunden kühl stellen.

6 Für die Garnitur Marillen halbieren, entkernen, mit Zitronensaft und Gelierzucker behutsam vermischen und in eine Auflaufform füllen. Früchte mit Alufolie zudecken und im 160 °C heißen Rohr (mittlere Schiene/Gitterrost) ca. 10 Minuten dünsten. Früchte aus dem Rohr nehmen und auskühlen lassen.

7 Marillen gut abtropfen lassen und auf den Kuchen legen. Kuchen mit Schokospänen bestreuen und in Schnitten schneiden.

Weißer Mohn mit Zimt

ButterCaramel

Schokoschnitte mit Karamellschokocreme

1 Kuchen (10 Portionen)
Zubereitung ca. 1 1/4 Stunden
(zum Kühlen insgesamt 12 Stunden)

Schokomasse: 50 g glattes Mehl ▪ 100 g geröstete Haselnüsse (gerieben) ▪ 100 g Schokolade (gerieben) ▪ 4 Eier ▪ 50 g Staubzucker ▪ 100 g Kristallzucker ▪ 50 g Butter (geschmolzen)

Karamellcreme: 1 Tafel ZOTTER Schokolade Butter Caramel ▪ 300 ml Schlagobers

Karamellglasur und Garnitur:
1 EL Kristallzucker ▪ 50 g Schlagobers
20 ml Milch ▪ 100 g weiße Kuvertüre (grob gehackt)
1 Pkg. ZOTTER Balleros Ingwer ▪ Butter, Mehl

1 Für die Creme Schokolade in kleine Stücke schneiden. Obers aufkochen, Schokolade einrühren und darin auflösen. Mischung mit einem Stabmixer fein mixen, umfüllen und zugedeckt 12 Stunden kühl stellen.

2 Backrohr auf 160 °C vorheizen. Kastenform (Inhalt ca. 2 l) mit Butter ausstreichen und mit Mehl ausstreuen.

3 Für die Schokomasse Mehl mit Nüssen und Schokolade mischen. Eier in Dotter und Klar trennen. Dotter mit Staubzucker gut schaumig aufschlagen.

4 Eiklar mit Kristallzucker zu einem cremigen Schnee schlagen. Zuerst Schnee, dann Mehl-, Nuss- und Schokomischung sowie die Butter unter die Dottermasse heben.

5 Masse in die Form füllen, gleichmäßig verstreichen und im Rohr (mittlere Schiene/Gitterrost) ca. 45 Minuten backen. Kuchen aus dem Rohr nehmen und in der Form 10 Minuten abkühlen lassen. Kuchen stürzen, Form abheben und den Kuchen auskühlen lassen.

6 Creme bei schwacher Geschwindigkeit dickcremig aufschlagen. Kuchen zweimal horizontal durchschneiden. Es entstehen drei Streifen. Einen Streifen mit einem Drittel der Creme bestreichen. Zweiten Streifen darauf legen und mit einem weiteren Drittel der Creme bestreichen. Übrigen Boden darauf setzen und behutsam andrücken. Kuchen mit restlicher Creme einstreichen.

7 Für die Glasur Zucker in einer Pfanne bei schwacher Hitze bis zur leichten Braunfärbung erhitzen. Obers und Milch zugießen, aufkochen und ca. 1 Minute kochen. Nach dieser Zeit sollten sich eventuell vorhandene Klümpchen aufgelöst haben. Mischung durch ein Sieb gießen, Kuvertüre einrühren und auflösen. Glasur abkühlen lassen.

8 Glasur am besten mit einem Löffel streifenförmig über den Kuchen ziehen und mit Balleros garniert servieren.

Der einzige Ausweg, der uns in der Situation einfiel, war zu heiraten. Es gab damals eine Heiratsbeihilfe und von den Hochzeitsgästen ließen wir uns auch Geld schenken. Am 4. Juli 1987 haben wir geheiratet und zwei Tage später unser Startkapital an die Handwerker verteilt, damit sie weiterarbeiteten.
Das Geld war weg, den Konditor, dem ich ein tolles Gehalt versprochen hatte, musste ich gleich wieder kündigen und im Kaffeehaus herrschte anfangs gähnende Leere.
Doch von Tag zu Tag kamen mehr Gäste, Uli servierte hochschwanger und ich war sehr motiviert, weil ich an den Erfolg glaubte. Was blieb mir auch anderes übrig. Am Anfang hatten wir die Klassiker der Mehlspeisküche im Angebot, doch mir wurden Apfelstrudel und Sachertorte bald zu langweilig. Ich wollte experimentieren und stellte Polenta- und Milchreistorten in die Vitrine oder bot ein Schwarzbier-Sabayon an, was die Gäste eher abgeschreckt haben musste, denn sie blieben bald wieder aus. So stand ich vor der Entscheidung, wieder zu den Schaumrollen und Topfenstrudeln zurückzugehen oder noch mutiger zu werden und mich mit meinen eigenen Kreationen durchzusetzen. „Der ist nicht ganz dicht!", war die Reaktion der Leute, die quasi mit der Nase an unserer Fensterscheibe klebten. Mir gaben meine neuen Erfindungen den totalen Kick. Am liebsten hätte ich die Sachertorte verkehrt herum gebacken.Weil das nicht ging, habe ich sie zumindest mit Chili und Ingwer gewürzt.
Das war der Beginn unserer Erfolgsgeschichte: Der erste Zeitungsartikel über unsere Mehlspeisen erschien und ich sah mich bereits als „großen Chef". Heute weiß ich, dass Medieninteresse zwar hilft, aber wichtiger ist, dass die Leistung stimmt, und zwar jeden Tag. Und ich habe auch gelernt, dass der Erfolg nicht über Nacht kommt. Im zweiten Jahr erlebten wir tatsächlich einen Höhenflug. Die Leute sind Schlange gestanden bei uns, von zehn Uhr am Vormittag bis um fünf Uhr am Nachmittag.
Das Interesse der Medien wurde größer und größer. „Jetzt hast du es geschafft", dachte ich wieder einmal

voller Stolz, als wir die Schulden bezahlen konnten. Die zweite Filiale habe ich, im Nachhinein betrachtet, aus der tiefsten Überzeugung heraus eröffnet, dass uns Graz einfach braucht. Es lief wie die Feuerwehr. Bald wurde die Filiale am Kaiser-Josef-Platz vergrößert und das Lokal musste auch optisch zur Qualität unserer süßen Köstlichkeiten passen. Vorher hatte ich alles selbst gemacht: vom Fliesenlegen bis zum Ausmalen. Nun waren die Architekten dran.
Was das Geld betrifft, war es wie in der Bankszene im Film *Hinterholz 8:* alles kein Problem. Dann kam die Filiale im Kastner & Öhler in der Grazer Innenstadt. Eigentlich gab es kein Geld für das Vorhaben, aber angesichts unseres Renommees war auch das kein Problem. Tolles Design und neueste Beleuchtung waren gefragt – und drei Millionen Schilling weg. Kurz darauf haben wir ein Kaffeehaus in Bruck an der Mur eröffnet.
Doch wenn wir frei hatten, waren wir eine ganz normale Familie, Menschen, die am Sonntag mit ihren Kindern spazieren gingen. Ich habe mir einen Bauernhof für uns gewünscht – abseits von Trubel und Geschäftsstress. Ein Immobilienhändler zeigte mir ein Objekt und als ich bei der Einfahrt eingebogen bin, wusste ich sofort: „Das ist mein Platz." Mit einer Hypothek haben wir das anfangs kaum bewohnbare Haus, das unser Zuhause wurde, gekauft.
Ich hatte also innerhalb kürzester Zeit vier Lokale und 40 Mitarbeiter an verschiedenen Plätzen, aber kein Konzept, keine Kontrolle, kein System und wenig Zeit zum Nachdenken. Die meisten dachten, „der ist eh reich", aber in Wahrheit hatte ich Schulden bis über den Kopf. Als das Einkaufszentrum in Bruck nicht mehr gut lief, ging der Umsatz in den Keller. Das ist der Punkt, an dem man mit den Zahlungen nicht mehr nachkommt und beginnen muss, Löcher zu stopfen. Wenn man diesen Punkt überschreitet, geht es abwärts.
Das Geschäft ließ nach, plötzlich waren viele Freunde und auch die „freiwilligen Berater" weg und ich musste zur Kenntnis nehmen, dass ich viel zu schnell expandiert hatte.

Ich fühlte mich hundsmiserabel und Uli hatte emotional noch mehr Stress, weil sie die finanziellen Auswirkungen früher erkannte als ich. Unseren Kindern, die damals sechs und sieben Jahre alt waren, wollten wir trotzdem einen Traum erfüllen und sind mit ihnen ins Disneyland gefahren. Drei Tage nach der Rückkehr von den Megashows, den märchenhaften Erlebniswelten, den schwindelerregenden Hochschaubahnen habe ich das getan, was unausweichlich war: Ich habe den Ausgleich angemeldet – der Tiefpunkt meiner Karriere war erreicht.

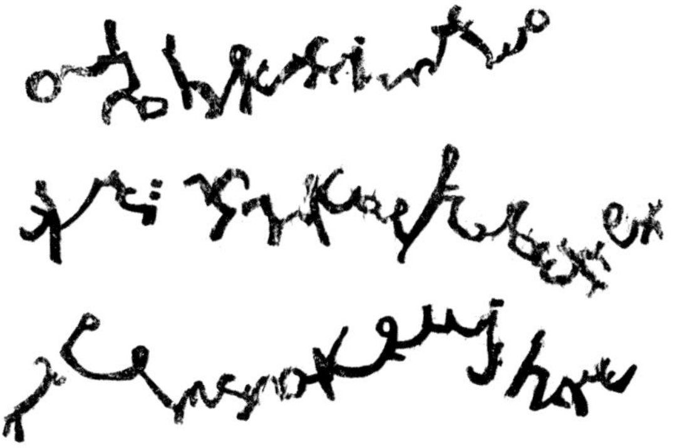

Technik für die Schoko-Welt

Die Euphorie der Europäer über die Entdeckung der Schokolade war enorm. Manche waren so verrückt nach dem Zaubertrank der Indios, dass sie bis zu sechs Tassen Trinkschokolade am Tag zu sich nahmen. So kam es auch, dass sich immer mehr Menschen mit dem Thema Schokolade beschäftigten und viele wichtige Erfindungen den Markt revolutionierten.

Die erste Großtat kam vom Holländer van Houten, der ein Verfahren zur Herstellung von Kakaopulver entwickelte. Es gelang ihm im Jahr 1828, Kakaobutter und Kakaomasse in einem Pressverfahren voneinander zu trennen und die Masse zu Pulver zu verarbeiten. Die erste Tafelschokolade sollen die Briten Mitte des 19. Jahrhunderts auf den Markt gebracht haben und bei der Entwicklung der Bitterschokolade hatten wiederum die Schweizer die Nase vorn.

Im Jahr 1875 mischte der Schweizer Daniel Peter mithilfe einer von Philippe Suchard entwickelten Maschine die erste Milchschokolade der Welt. Das Conchieren, das bis heute zur Kunst der Chocolatiers gehört und für den feinen Schmelz verantwortlich ist, erfand Rodolphe Lindt, ebenfalls ein Schweizer.

Kein Wunder also, dass die große Zeit der Schokoladenfabriken im 19. Jahrhundert war: Fast alle berühmten Schokohäuser wurden in dieser Zeit gegründet, so Fry & Sons in London, Terrys in York, Bensdorp in Holland, Stollwerk in Deutschland und Cailler, Sprüngli, Suchard und Nestlé in der Schweiz, um nur einige der berühmten Namen zu nennen.

BENSDORP CACAO, Blechdose, um 1900

Auf Trinkschokolade aus dem Hause Van Houten machte diese farbige Lithographie von Emil Orlik aufmerksam.

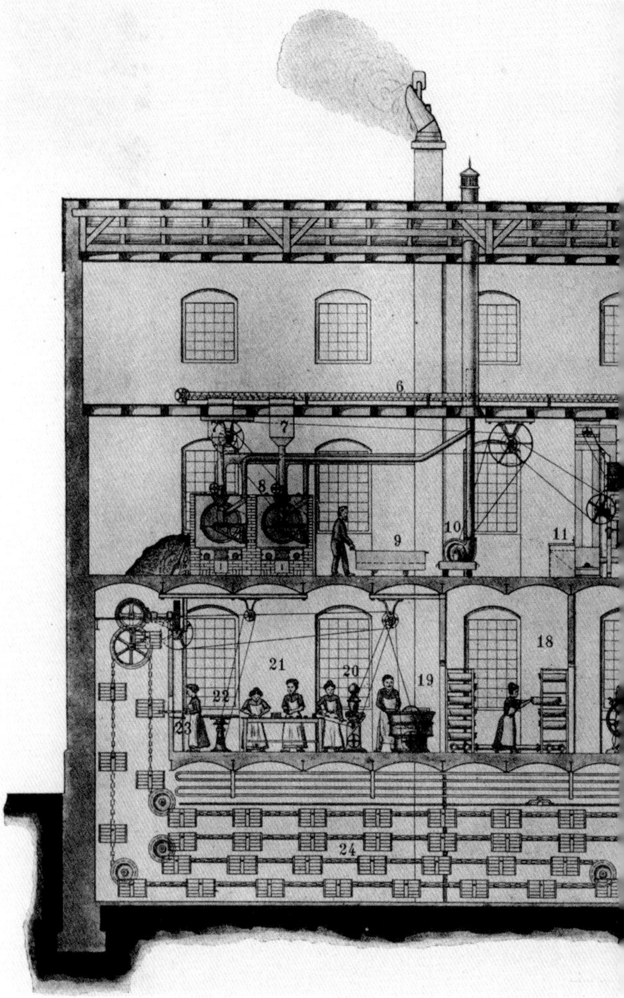

Schokoladenproduktion um die Jahrhundertwende

Mit dem Aufzug (1) gelangen sämtliche Rohstoffe in die Lagerräume (2). Der rohe Kakao wird zuerst zum Elevatorkasten (3) gebracht. In der Reinigungsmaschine (4) wird er von Staub und Verunreinigungen befreit und kommt danach auf ein Ausleseband (5). Dann fällt er in die Transportschnecken (6). Im nächsten Arbeitsschritt werden die Kakaobohnen in einen Richter geschüttet, um in die Röstmaschine (8) zu gelangen. Mit einem Wagen (9) wird der Kakao zur Absaugevorrichtung (10) gebracht, wo die Bohnen gekühlt und die Röstgase ins Freie abtransportiert werden. Der geröstete Kakao kommt über den Einschüttkasten (11) zur Brech- und Reinigungsmaschine (12) und wird in fahr-

baren Kästen (13) aufgefangen. Durch Falltrichter (14) fällt der Kakao in das untere Geschoss, wo sich die Kakaomühlen (15) befinden. Gleich daneben wird im Zuckermahl- und Siebwerk (27) der Staubzucker produziert. Kakao und Zucker gelangen nunmehr in den Melangeur (16), um dort gemischt zu werden, bevor sie von dort auf die Walzwerke (17) kommen, wo die Feinzerreibung erfolgt. Nach dem Passieren wird die fertige Schokoladenmasse in den Wärmeraum (18) gebracht und dort gestapelt. In einem Melangeur (19) bekommt die Schokolade die richtige Konsistenz und Temperatur. In der Teilmaschine (20) wird die Schokolade abgewogen. Auf den daneben stehenden Tischen (21) werden die Blechformen mit der Schokoladenmasse beschickt. Auf der Kühleinrichtung (25) wird die Schokolade langsam abgekühlt und kommt schließlich in den Verpackungsraum (25).
Aus: „Die Schokoladen-Fabrikation" von Dr. Paul Zipperer. 1913

Mit der industriellen Revolution wurde aus dem Luxusgut allmählich ein Massenprodukt. Im 20. Jahrhundert wurden einerseits die Methoden verfeinert, andererseits wurde der Kakaoanbau forciert und die Schokolade wurde immer mehr zur Billigware, die im schlimmsten Fall, mit viel Zucker und gehärteten Fetten angereichert, kaum noch als Schokolade bezeichnet werden konnte.

Vom Rohkakao zur Schokomasse

Wenn der Rohkakao seine weite Reise aus den tropischen Zonen in die Industriestaaten zurückgelegt hat, beginnt mit dem Rösten die eigentliche Aufgabe bei der Verarbeitung der Bohnen. Nur Brasilien, Ghana und Elfenbeinküste zählen unter den Produktionsländern auch in der Kakaoverarbeitung zu den ganz Großen. Ich nehme aber an, dass immer mehr Erzeuger dazu übergehen werden, den Rohkakao weiter zu bearbeiten oder zumindest zu reinigen. Denn Staub und Sand, Jutefasern und Metallteilchen, Holz, Glas und Steine mischen sich in der Regel unter die edlen Bohnen und machen den aufwändigen und kostenintensiven Reinigungsvorgang unumgänglich. Notfalls müssen die Kakaobohnen auch noch einmal sortiert werden.

Dann geht es ab in die Röstmaschine, wo sich bei 120 bis 150 °C der typische Kakaogeschmack, der sich beim Gären und Trocknen bereits gebildet hat, voll entfalten kann. Auch die Farbe wird beim Rösten noch schöner und ein tiefes Schokoladenbraun entsteht.

Das Rösten ist ein sehr sensibler Vorgang, weil es das endgültige Aroma des Kakaos bestimmt. Es hängt ganz davon ab, welche Bohnen geröstet werden und wozu sie schlussendlich verwendet werden: Soll beispielsweise Kakaopulver entstehen, so muss länger geröstet werden, weil das Aroma stärker ausfallen soll.

Bei der ursprünglichen Bearbeitung von Kakao werden die Bohnen über einem Feuer geröstet und

dann von den Schalen befreit. Ich habe das einmal auf einer Kakaoplantage erlebt: Dort haben die Plantagenarbeiter die gerösteten Bohnen einfach vor einem Ventilator in ein Gefäß fallen lassen. Die Schalenteilchen sind weggeflogen und unten landeten die groben Kakaostücke, auch Nibs genannt. Das Prinzip in modernen Verarbeitungsanlagen ist nicht anders. Schokolade wird im Mörser zerstampft oder in einer Art „Faschiermaschine" zu einer Masse gewalzt. Dass Schokolade eine zartschmelzende Konsistenz hat, ist nämlich keine Selbstverständlichkeit: In Mexiko und vielen Teilen Südamerikas ist es üblich, den Kakao mit einem feinen Mahlstein fein zu zerreiben. Die raue Masse wird mit Zucker gesüßt und in Formen gepresst. Die steinharten Schokotaler dienen der Zubereitung von Trinkschokolade oder für die „mole", die berühmte scharfe Schokoladensauce, die hervorragend zu Huhn schmeckt. Für den europäischen Gaumen ist das sandige Gefühl auf der Zunge ziemlich gewöhnungsbedürftig.
Bei der modernen Verarbeitung wird eine Reihe von Zwischenschritten angewandt, bis die Schokolade fertig ist. Kakaobohnen sind durch die Verarbeitung auf den Plantagen bakteriell stark belastet. Das lässt sich nicht verhindern, weil bei der Fermentation Hefen und Essigsäurebakterien eine entscheidende Rolle spielen. Beim Debakterisieren werden die Bohnen daher in einem Dampfbehälter mit 2 bar Druck bei 170 °C zwei Minuten lang behandelt. Dabei wird den Keimen der Garaus gemacht.
Danach wird der Kakao gebrochen und einerseits in Schalen sowie andererseits in Kakaonibs getrennt. Die sauberen Nibs werden in einer Steinmühle bei etwa 80 °C fein vermahlen und erstmals gibt es eine flüssige, schwarze Masse: die Kakaomasse.
Um dunkle Schokolade zu erzeugen, werden nun Zucker, Kakaobutter, Vanille und Lecithin hinzugefügt und die Masse wird über einen so genannten Walzenstuhl 15 bis 20 Minuten lang fein gewalzt. Nach diesem Vorgang ist die vorher flüssige Masse wieder flockig, weil gekühlt und bereit für die Conchiermaschine.

Die Kunst des Conchierens

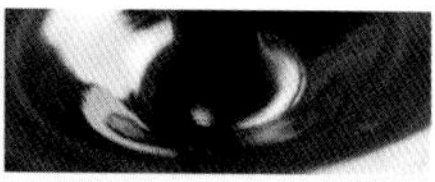

Das Conchieren ist ein Verfahren, das wir Rudolphe Lindt zu verdanken haben. Er fand heraus, dass Schokolade glatter wird, wenn man sie knetet und wälzt.

Dabei wird die Kakaomasse ununterbrochen gedreht, gewendet, belüftet und temperiert, bis die Masse so glatt und gießfähig wird, dass daraus feinste Schokolade entsteht. Es geht dabei nicht nur um die Konsistenz: Durch das Conchieren werden auch unerwünschte Geschmacks- und Geruchsstoffe beseitigt und angenehme Aromen bleiben erhalten. Früher wurde die Masse für gute Schokolade tagelang conchiert und einige Hersteller mit alten Maschinen machen noch immer Werbung damit. In Wahrheit können zu lange Conchierzeiten wertvolle Aromen zerstören und die Schokolade schmeckt schal und fad. Aus diesem Grund kreist dunkle Schokolade im Schnitt nur noch 12 bis 24 Stunden, Milchschokolade die halbe Zeit und weiße Schokolade ist in 3 bis 5 Stunden ausreichend conchiert.

Danach wird die Masse temperiert und langsam abgekühlt. Die Schokolade erhält den matten, seidigen Glanz und steht zur Verarbeitung bereit.

Wie die Schokolade schmilzt

„Denn sie wissen nicht, was sie tun", ist die häufigste Ursache für das Misslingen beim Schmelzprozess. Damit sie später in vollem Glanz erstrahlt, muss die Schokolade zuerst geschmolzen, dann bis zum Festwerden abgekühlt und dann bei Idealtemperatur zum Verarbeiten gebracht werden. Für diesen Prozess braucht man küchentechnisches Know-how, ein Küchenthermometer und viel Geduld.

Wichtig: Für das Schmelzen von Schokolade müssen alle Werkzeuge absolut trocken sein, weil die Schokolade sonst klumpt. Zu beachten ist auch, dass man

während des Schmelzens und auch danach die Schüssel nicht zudecken darf, denn Kondenswasser könnte die Konsistenz ungünstig verändern.
Wenn die Temperatur zu hoch ist, kann die Schokolade gerinnen.
Die Schokolade oder den Kuvertüreblock mit einem Messer fein schneiden und (bei der so genannten „Impfmethode" nur 2/3 davon) in eine Chromschüssel geben. Jetzt kann es losgehen. (Siehe Bilder auf der nächsten Seite.)

1. Schmelzen

Bei der klassischen Methode wird die Schokolade im Wasserbad geschmolzen. Dazu erhitzt man Wasser in einem zu etwa drei Vierteln gefüllten Topf auf 60 °C. Man nimmt den Topf von der Wärmequelle und setzt die Schüssel mit der Schokolade hinein. Man muss darauf achten, dass die Schokolade bei 40 bis 45 °C schmilzt und darf nicht auf mehrmaliges Rühren vergessen, damit sie keine Bläschen bildet. (Achtung: kein Wasser!)
Schokolade kann auch im Backofen bei 80 °C (60 °C Umluft) geschmolzen werden. Das Schmelzen in der Mikrowelle ist die schnellste, aber auch die gefährlichste Methode. Wenn man den Schmelzgrad nicht alle paar Sekunden überprüft, bilden sich bei Überhitzung rasch verbrannte Stellen. Dann hilft nur noch eins: die Schokolade entsorgen und von neuem beginnen.

2. Temperieren

Damit die Schokolade wieder fest wird, muss sie unter 30 °C abgekühlt werden. Auf keinen Fall soll die Schokolade schlagartig abkühlen. Und auf das Rühren darf man auch jetzt nicht vergessen: Denn je ausgiebiger man rührt, desto geschmeidiger wird die Schokolade.
Für das Temperieren gibt es zwei Methoden:
Bei der „Impfmethode" nimmt man nun die beiseite gestellte Schokolade und löst sie in der flüssigen Schoko-Masse auf, bis sie glatt und dickflüssiger wird.

Etwas aufwändiger ist das Tablieren: Dabei wird ein Teil der geschmolzenen Schokolade auf einer glatten und sauberen Fläche (Marmor-, Steinplatte oder Backblech) mit einer Palette so lange hin und her bewegt und gestrichen, bis sie die gewünschte Temperatur hat. Die erkaltete Masse kommt zur warmen und wird wieder gut vermischt. Ist sie jetzt noch nicht dickflüssig genug, wird erneut tabliert.

Rechts: Frische Früchte in Schokolade sind einfach und schnell zubereitet. Das fruchtige Konfekt entfaltet sein Aroma ganz frisch am besten: Die Säure von Orangen harmoniert mit Bitterschokolade besonders gut.

Schokoknödel mit Vanillekirschen

4 Portionen (à 2 Stück), Zubereitung ca. 45 Minuten

Knödelmasse: 200 ml Milch ■ 50 g Butter
1 Pkg. Vanillezucker ■ Schale von 1/2 Zitrone (unbehandelt) ■ 60 g feiner Weizengrieß
2 Eier ■ 100 g entrindetes Toastbrot (fein gerieben)
Fülle: 1 Tafel ZOTTER Schokolade Sesam-Sauerkirsch oder 100 g Milchkuvertüre
Nussbrösel: 100 g Butter ■ 90 g Semmelbrösel
1 EL Sesam ■ 1 EL Kristallzucker ■ Salz, Staubzucker

1 Für die Knödel Milch mit Butter, einer Prise Salz, Vanillezucker und abgeriebener Zitronenschale aufkochen. Grieß einrühren und unter Rühren dick einkochen. Masse kurz überkühlen lassen. Eier und Toastbrot einrühren.
2 Für die Fülle Schokolade in acht Stücke schneiden. Teig zu einer Rolle formen und in 8 Portionen teilen. Teigstücke flach drücken, mit je 1 Schokoladestück belegen, einschlagen und zu glatten Knödeln formen.
3 Reichlich Salzwasser aufkochen, Knödel einlegen und ca. 10 Minuten schwach köcheln lassen. Inzwischen für die Brösel Butter schmelzen. Brösel, Sesam und Zucker zugeben und goldgelb rösten.
4 Knödel mit einem Gitterlöffel herausheben, gut abtropfen lassen und in den Nussbröseln wälzen. Knödel anrichten, mit Staubzucker bestreuen und mit den Vanillekirschen servieren.
Tipp: Je nach Geschmack kann man statt geriebenen Toastbrots auch die gleiche Menge Semmelbrösel für die Zubereitung der Knödelmasse verwenden.

Vanillekirschen

4 Portionen, Zubereitung ca. 20 Minuten

1 Vanilleschote ■ 1 EL Speisestärke ■ 70 ml Orangensaft
100 ml Rotwein ■ 60 g Gelierzucker (1:1)
250 g entkernte Kirschen

1 Vanilleschote der Länge nach aufschneiden und das Mark auskratzen. Stärke mit 2 EL vom Orangensaft vermischen. Wein mit übrigem Orangensaft, Vanillemark und Gelierzucker aufkochen.
2 Kirschen zugeben und kurz köcheln lassen. Stärkemischung einrühren, Kirschen nochmals kurz aufkochen und vom Herd nehmen.

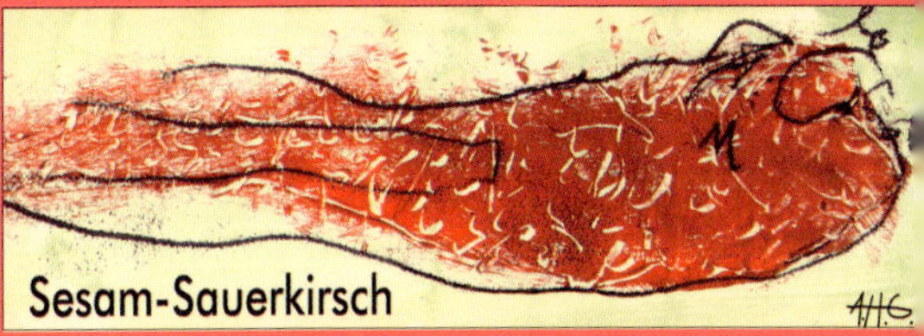
Sesam-Sauerkirsch

Weißer Nougat mit roten Nüssen

Walnusstörtchen

6 Törtchen, Zubereitung ca. 1 1/4 Stunden
(zum Kühlen insgesamt 1 1/2 Stunden)

Mürbteig: 150 g Butter ▪ 200 g glattes Mehl
70 g Staubzucker

Fülle: 4 Eier ▪ 80 g ZOTTER Schokolade
Weißer Nougat mit roten Nüssen (klein geschnitten) oder
80 g Milchkuvertüre
Walnuss-Krokant (siehe Rezept) ▪ 60 g Staubzucker
100 g Kristallzucker ▪ 100 g Walnüsse (grob gerieben)

Garnitur: 6 halbe Kompottbirnen ▪ 12 Walnusskerne ▪ Butter, Honig, Hülsenfrüchte (getrocknet)

1 Für den Mürbteig Butter in kleine Stücke schneiden, mit Mehl verbröseln und mit Zucker rasch zu einem glatten Teig verkneten. Teig in Frischhaltefolie wickeln und 1 Stunde kühl stellen.

2 Backrohr auf 200 °C vorheizen. Sechs kleine Tarteförmchen (Durchmesser 9 cm) dünn mit Butter ausstreichen.

3 Mürbteig ca. 3 mm dick ausrollen und daraus sechs Scheiben (Durchmesser 15 cm) ausschneiden. Teig in die Förmchen legen und seitlich ein wenig an den Formenrand drücken. Teig mit passend zugeschnittenem Backpapier belegen, mit getrockneten Hülsenfrüchten bestreuen und im Rohr (mittlere Schiene/Gitterrost) ca. 10 Minuten backen.

4 Teig aus dem Rohr nehmen, Hülsenfrüchte und Papier entfernen. Teig in der Form auskühlen lassen. Backrohrtemperatur auf 180 °C reduzieren.

5 Für die Garnitur Birnen auf Küchenpapier gut abtropfen lassen und fächerförmig einschneiden. Für Fülle Eier in Dotter und Klar trennen. Schokolade über Wasserdampf schmelzen und den Krokant einrühren.

6 Dotter mit Staubzucker schaumig rühren. Eiklar mit restlichem Kristallzucker zu schmierigem Schnee schlagen. Zuerst die ein wenig abgekühlte Schokolademischung in die Dottermasse rühren, dann Schnee und die Nüsse behutsam unterheben.

7 Masse in die Förmchen füllen und auf dem Teigboden gleichmäßig verstreichen. Törtchen mit je einer Birnenhälfte und 2 Walnusskernen belegen und im Rohr (mittlere Schiene/Gitterrost) ca. 15 Minuten backen.
8 Törtchen aus dem Rohr nehmen, mit Honig dünn bestreichen und abkühlen lassen.

Tipps: Besonders appetitlich sehen die Törtchen aus, wenn man sie mit gesponnenem Zucker (Engelshaar) garniert.

Je nach Geschmack kann man statt der 6 kleinen Törtchen auch eine große Tarte (Durchmesser 24 cm) zubereiten. Allerdings verlängert sich dabei die Backzeit auf ca. 40 Minuten.

Walnuss-Krokant

6 Törtchen, Zubereitung ca. 15 Minuten
(zum Auskühlen ca. 1 Stunde)

50 g Kristallzucker ■ 100 g Walnüsse (grob gehackt)
1 EL Butter

1 Blech mit Backpapier belegen. In einer Pfanne Zucker bis zur leichten Braunfärbung erhitzen (karamellisieren).
2 Nüsse einstreuen und Butter unterrühren. Mischung auf das Blech geben und auskühlen lassen. Krokant in möglichst kleine Stücke brechen (siehe Tipp).

Tipp: Krokant kann man auch mit dem Messerrücken grob zerkleinern oder in ein Tiefkühlsäckchen füllen. Säckchen verschließen und Krokant mit einem Rollholz oder Fleischklopfer je nach Wunsch zerkleinern.

3. Verarbeitungstemperaturen

Weiße Schokolade	29 °C
Milchschokolade	30 bis 30,5 °C
Bitterschokolade	31 bis 32 °C

Bei diesen Temperaturen sind ein schnelles Festwerden und gleichmäßiger Glanz garantiert. Steigt das Thermometer aber auf über 33 °C, heißt es „zurück auf Feld zwei" und den Temperiervorgang wiederholen.

Das Temperieren ist nur zum Tunken von Pralinen, Trüffeln und kleinen Desserts, wo ein dünner, feiner Schokoüberzug erwünscht ist, oder zum Dekorieren von Keksen oder Gebäck notwendig. Für die meisten Rezepte muss Schokolade nur geschmolzen werden.

Schoko-Lust und Schoko-Gier

Lust auf Schokolade hat etwas mit Freude zu tun. Es ist ja kein Zufall, dass Schokolade so gerne verschenkt wird. Ich bin der festen Überzeugung, dass Schokolade etwas Besonderes bleiben muss. Ich beobachte oft Menschen dabei, wie sie Schokolade einkaufen: Sie pirschen sich heran, sie umschleichen sie und plötzlich ist die Schoko-Tafel im Einkaufswagen. Niemand kauft Butter auf diese Weise ein. Schokolade hat etwas ewig Verlockendes an sich und damit kann man spielen.

Seit Schokolade jederzeit und überall verfügbar ist, wird allerdings oft sehr unvernünftig damit umgegangen. Das ist beim Fernsehen und anderen Massenprodukten auch nicht anders. Viele haben die Bedeutung des Produktes nicht verstanden und müssen erst lernen zu genießen.

Wissenschaftler haben herausgefunden, dass der Grund für „Schoko-Sucht" nicht an den Glücksstoffen liegt, sondern dass oft der Energiehaushalt dafür verantwortlich ist. Bei einer Testgruppe wurde festgestellt, dass der Grund für ein übermäßiges Verlangen schlichtweg Hunger war. Hunger und Schokolade gehören aber nicht zueinander. Jeder, der die Schokoriegel am liebsten quer in den Mund schieben möchte, sollte sich in einer ruhigen Minute einmal hinsetzen und überlegen, was ihm eigentlich fehlt.

Wir haben in unserer Schoko-Manufaktur ein „Running-Chocolate". Es gefällt mir, wenn ich unsere Kunden damit in Staunen versetzen kann. Aber manche haben Angst davor, nicht genug zu bekommen. Am „Tag der offenen Tür", der alljährlich im September stattfindet, gehen ab und zu Leute hinaus, die sagen: „Ist mir schlecht!" So wie manche die tollsten Rotweine verkosten und einfach sinnlos in sich hineinschütten, weil sie es sich leisten können. Das zu beobachten, tut mir richtiggehend weh. Die Gier dieser Menschen beunruhigt mich. Sie hat etwas Krankhaftes an sich. Das abschreckendste Beispiel dafür ist ein Bub im Film *Charlie und die Schokoladenfabrik:* Mit beiden Händen stopft er die Schokolade in sich hinein und bemerkt nicht einmal, als er anfängt, an seinem Arm zu kauen ...
Besonders schlimm ist es, wenn der Genuss von Schokolade als „Sünde" empfunden wird. Manche Menschen wollen sich Schokolade verbieten. Nur: Bekanntlich reizt das Verbotene umso mehr und irgendwann geben sich diese Menschen mit schlechten Gewissen den verbotenen Reizen hin und essen gleich zwei Tafeln auf einmal.
Schokolade ist nicht dazu da, um irgendwelche Löcher in der Seele zu stopfen. Schokolade isst man auch nicht. Man lässt sie langsam auf der Zunge zergehen. So wie man das Glück nicht festhalten kann, verschwindet der Geschmack langsam, bis eine bittersüße Erinnerung daran zurückbleibt.

Triebfeder: Neustart

Zurück auf Feld eins

„In zehn Jahren werde ich das bereinigen", dachte ich, nachdem der Traum vom Konditoreien-Imperium zerplatzt war wie eine Seifenblase, und ich behielt Recht, denn heute zahlen wir fünfmal so viel Steuern, wie wir damals Schulden hatten.
Zurück zum Start, hieß es. In unserem Fall: zurück in die Glacisstraße in Graz, wo unsere Torten nach wie vor eine Art Kultstatus genossen. In unserem ersten Geschäftslokal begann ich also über eine Schokoladenfabrik nachzudenken. Ich war wie besessen von der Idee. Nur Uli musste noch überzeugt werden.
Ich hätte mir auch vorstellen können, Seifen herzustellen, und begann mit dem Produkt zu experimentieren. Seife ist etwas sehr Elementares, etwas, das den Körper betrifft. Früher haben die Bauern im Frühjahr selber Seife gemacht: Man hat die Lauge gekocht, sie mit Kräuterextrakten versetzt und das Ganze an der Sonne reifen lassen, damit es die ideale Konsistenz bekommt. Ich finde das Thema „Seife" sehr spannend und bin mir sicher, dass mir ausgefallene Rezepturen eingefallen wären.
Ich bin dann doch bei den essbaren Produkten geblieben und habe Pralinen nach meinen eigenen Vorstellungen erzeugt. Die ersten waren mit Johannis- und Vogelbeeren oder mit Ananas-Pfirsich gefüllt. Das gab es vor zehn Jahren nirgendwo.
Bald wurden die Menschen wieder neugierig und Werbeleute kamen, weil meine Kreationen bei Veranstaltungen gut ankamen. Doch die Vorstellungen mancher Kunden hatten wenig mit meinen Ideen zu tun: Sie wollten einen Marzipan-Golfspieler auf einer Mehlspeise haben, weil das dem Chef gefiel, und Schlimmeres.
Punschkrapfen mit Firmenlogo sind mir noch immer ein Dorn im Auge: Das ging mir vielleicht gegen den Strich, aber manchmal muss man im Leben einen Schritt zurückgehen. Es hat mich immer schon maßlos geärgert, wenn mit Lebensmitteln Kunstwerke

gemacht wurden und niemand danach fragte, wie das eigentlich schmeckt. Für Gemüsegestecke, Eisgebilde, Schokoladefiguren oder Butterskulpturen kann ich herzlich wenig schwärmen. In meiner Gastronomiezeit habe ich von japanischen Kollegen gelernt, Karotten so zu bearbeiten, dass sie aussehen wie Blüten. Ich konnte das selber recht gut und habe mir bald die Sinnfrage gestellt: „Ja, bin ich wahnsinnig? Ich schnitze da an Karotten herum. An einem Produkt, das so viel Pflege braucht!" Viele bewundern es, wenn eine Karotte aussieht wie eine Tulpe, aber jede Tulpe, die von sich aus aussieht wie eine Tulpe, ist viel schöner. Also wozu der ganze Aufwand?

Eines Tages saß eine Dame bei mir in der Konditorei, die einen Gag mit Firmenlogo brauchte. Ich schlug ihr eine Schokoladetafel mit Kürbiskernen vor und siehe da: Sie war einverstanden. Das Logo konnte zu meiner Freude auf die Verpackung rücken und der Inhalt dafür umso besser schmecken. Zwei Tage vor der Lieferung begann ich mit der Produktion: Ich hatte fünf verschiedene Formen für Schokotafeln, doch es war zu warm in der Backstube. Nichts gelang und ich dachte: Diesmal wirst du kläglich scheitern. So musste ich kurzerhand ein neues Verfahren zur Entstehung der Tafeln entwickeln.

Dann kam die Frage der Verpackung: Bis dahin hatten wir die Pralinen ganz schlicht in Zellophanfolie eingewickelt. Uli schlug vor, dass wir eine Banderole verwenden sollten, aus einfachem Papier mit aufgedrucktem Logo. Ich war mir sicher, den Kunden nie mehr wiederzusehen, weil sich alles ganz spontan entwickelt hatte. Am nächsten Tag kam ein Anruf: „So ein Gag, welch eine gelungene Überraschung!"

Das war die Geburtsstunde der Zotter-Schokolade: Bald darauf begann ich damit, handgeschöpfte Schokoladen herzustellen. In Folie gewickelt und mit einer Banderole versehen, kamen die ersten Kreationen in den Verkauf. Es waren eine Kürbismarzipan-, eine Orangen-, eine Nougat- und auch schon eine Hanfschokolade.

Jede einzelne Schokolade wurde anfangs mit einem

Kürbiskern versehen, der als regionales Symbol und als Trademark zu verstehen war. Ich habe wieder damit aufgehört, weil das Sortiment so gewachsen ist, dass es sich nicht mehr auf den Kürbiskern reduzieren lässt.

Da man als Konditor weder von Nikoläusen noch Osterhasen verschont bleibt, kam ich im Jahr 1996 auf die Idee, eine Nikolaus- und eine Krampusschokolade zu kreieren. Nikoläuse gab es damals in allen Größen, aber nach einer Nikolaus-Schokolade konnte man lange suchen. Anfangs zierten ein recht langweiliger Nikolaus und ein grimmig aussehender Teufel aus dem Photoshop-Programm die Banderolen. Wie es aber der Zufall so will, stand eines Tages ein alter Freund aus Bundesheer-Zeiten bei mir im Geschäft. Äußerlich sahen wir aus wie das Kabarettistenduo „Muckenstrunz und Bamschabl", ich 1,90 m und er 1,50 m groß, doch Andreas Gratze und ich waren ein gutes Team von Anfang an. Nachdem mich mein Weg in die Gastronomie geführt und es ihn an die Kunstakademie gezogen hatte, brachte uns die Schokolade wieder zusammen.

„So etwas Schiaches habe ich noch nie gesehen", war sein Kommentar, als er die Verpackung betrachtete. „Ich könnte für dich etwas zeichnen", schlug er vor, setzte sich kurzerhand hin und begann, mit dem Bleistift zu skizzieren.

„So stelle ich mir einen Krampus vor", sagte Andreas und ich fand, dass das Männchen wie ein Schlingel aussah. So bekam die Schokolade ein neues Gesicht und einen neuen Namen: „Für Schlingel." Ich rechnete ehrlich gesagt damit, dass im Absatz die Nikolaus-Milchcremeschokolade das Rennen machen würde, aber wir haben zu 90 Prozent „Schlingel" verkauft. Die Reaktionen waren enorm: Wir verkauften plötzlich zehnmal so viel wie früher und die Kunden fanden den sympathischen Schelm auf den Tafeln ebenso witzig wie wir. Im Nu waren wir ausverkauft, und zwar nur durch Mundpropaganda.

Mir wurde schnell klar, dass Kunst und Werbung gut harmonieren, und ich arbeitete intensiver mit Andreas zusammen. Wir sind professioneller und die

Nachfrage ist größer und größer geworden. Bald wurde es in der Glacisstraße zu eng und wir lagerten die Schokoladenherstellung aus: nach Bergl, meinem Heimatort. Die wirtschaftlichen Überlegungen sprachen eindeutig für diesen Standort. Und wie so oft im Leben, findet man erst, wenn es einem schlecht geht, zurück zu seinen Wurzeln.
Auf 160 Quadratmetern ging es zu wie bei den Heinzelmännchen: Von der Produktion über die Verpackung bis hin zu den Lager- und Auslieferungsräumen war dort alles untergebracht. Sieben Mitarbeiter und die wertvollste Ressource bei einem Neustart, nämlich die eigene Arbeitsleistung, machten es möglich, dass in vielen, vielen Handgriffen aus den Rohprodukten fertige Schokotafeln entstanden sind. Erst nach und nach konnten wir uns die entsprechenden Maschinen leisten.
Es gab Zeiten, in denen ich nicht wusste, wie ich meine Schokolade verkaufen sollte. So bin ich damit nach Wien gefahren und habe sie in Feinkostläden angeboten. Es war niederschmetternd. „Das tu ich nie wieder", dachte ich mir. Wie ein fahrender Händler, der seine Waren nicht anbringt, habe ich mich gefühlt.
Die Konditorei war nun in Graz, die Schokoladenproduktion in Bergl, und wieder gab es sieben Tage Arbeit in der Woche. Im Jahr 1999 trafen wir eine wichtige Entscheidung: Egal, was passiert, wir setzen alles auf eine Karte und gründen eine Schokoladenmanufaktur.

Die Wiederentdeckung der Schokolade

Obwohl es mit der Schokolade im vergangenen Jahrhundert ziemlich abwärts ging, blieb eine Schokoladenkultur erhalten, die hauptsächlich von kleinen Manufakturen, die immer echte Liebe zum Produkt hatten, getragen wurde. Im Grunde kann man zwischen den Gourmetschokoladen und dem weitaus größeren Markt der Konsumschokoladen unterscheiden. Dementsprechend kann man auch die Kunden einordnen: auf der einen Seite die Schoko-Genießer und auf der anderen die Chocoholics. Insgesamt ist von Seiten der Konsumenten das Interesse an der Schokolade gestiegen und ich wage zu behaupten, dass sich hier noch einiges tun wird. Denn gute Schokoladen liegen stark im Trend und wir sind drauf und dran, eine neue Schokoladenkultur zu begründen. Nach 100 Jahren hat eine neue Generation von Chocolatiers mit ausgefallenen Kreationen die Schokolade aus ihrem Dornröschen-Schlaf wachgeküsst.

In unserer Zeit kann man kaum noch Geheimnisse haben, und daher bin ich auch nicht beleidigt, wenn meine Rezepte geklaut werden. Ich habe kürzlich eine Chili-Schokolade gekostet, die war wie Feuer auf der Zunge. Doch Chili soll einen nicht anspringen, man soll ihn ganz dezent spüren. Wie war das noch mal? Man soll neugierig werden auf Chili und ihm nachspüren. Wenn Schokolade mit Salzkristallen auf den Markt kommt, bei der es einem die Zehennägel aufrollt, sobald sie den Gaumen berührt, kann ich nur sagen: Die haben etwas falsch verstanden.

Insgesamt ist das Nachahmen ein Zeichen dafür, dass die Idee gut ist. Wenn jetzt in den Eissalons Sorten wie „Schoko-Chili" oder „Zitrone-Basilikum" zu den Sommerhits zählen, ist das letztlich auf unsere Vorarbeit zurückzuführen.

Neue Technik: Handgeschöpft

Den Begriff „handgeschöpft" habe ich in Anlehnung an die Papierherstellung erfunden. Wie die Schokolade ist das Papier im Laufe der Industrialisierung zu einem Massenprodukt geworden, bei dem Ästhetik ein Fremdwort wurde.
Handgeschöpft ist in doppeltem Sinn zu verstehen: einerseits als Schokolade, die händisch hergestellt wird, und andererseits als einzigartiger Schöpfungsprozess. Die einzelnen Schichten unserer gefüllten Schokoladen werden nacheinander aufgetragen. Eine Kirschbrandcreme, dann eine Marzipan-Lage zum Beispiel. Im Unterschied zu anderen Schokoladen, wo die Fülle in vorgefertigte Formen gegossen wird, wächst bei uns die Fülle Schicht für Schicht zu einem Ganzen und wird dann mit feinster Kuvertüre überzogen, die durch den Luftzug beim Trocknen die charakteristische wellenförmige Oberfläche erhält.

Vom Spiel der Aromen

In der Aromenvielfalt des Kakaos liegt das Potenzial der Schokolade. Die Angaben der einschlägigen Literatur gehen bezüglich der Anzahl der Aromastoffe, die in der Kakaobohne stecken, etwas auseinander. Zwischen 600 und mehr als 1000 Aromen sollen sich im „braunen Gold" aus dem Regenwald verbergen. 400 davon sind bisher jedenfalls schon analysiert worden.
Dominiert wird der Kakaogeschmack von Nuss-, Zitrus- und Gewürzaromen. Allein die Nussaromen lassen sich mit 200 aromatischen Verzweigungen beziffern. Kein Wunder also, dass die Nuss-Schokolade zu den ersten Errungenschaften am Schoko-Sektor zählte und sich nach wie vor großer Beliebtheit erfreut.

Ich finde es spannend, wie sich viele Schokoliebhaber langsam an das Thema annähern. Zuerst probieren sie die klassischen Sorten und landen irgendwann bei „echt schrägen" Kombinationen. Der Gaumen ist lernfähig und entwickelt langsam ein feineres Sensorium für neue Aromen. Auf diese Weise kann man sich Stück für Stück herankosten. Bei unserem Sortiment von mehr als 140 Schokoladenkreationen lässt sich der Gaumen geradezu von selbst schulen. Manche haben anfangs Berührungsängste und sind der festen Überzeugung, dass Schokolade und Spargel nicht zusammenpassen oder Grammeln nicht im Geringsten etwas mit Schokolade zu tun haben können. Die ersten zwei Jahre habe ich beispielsweise die „Grammlnussn-Schokolade" so gut wie allein gegessen, obwohl ich absolut überzeugt von der Kombination war. Mittlerweile gehört sie zu den absoluten Rennern in unserem Sortiment und deshalb ist es für mich immer wieder ein stiller Triumph, wenn die Neugier über die Vorurteile siegt und die Menschen offener für Gaumenspiele werden.

Womit Schokolade harmoniert

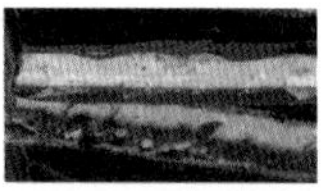

Nüsse: *geröstete Mandeln, Pistazien, Kürbiskerne, Haselnüsse, Walnüsse, Hanfnuss, Erdnüsse*
Gewürze: *Chili, Kardamom, Paprika, Koriander, Shitake-Pilze, Kreuzkümmel, Pfefferminzöl, Basilikumöl*
Früchte: *Marillen, Äpfel, Birnen, Pflaumen, Bananen*
Zitrusfrüchte: *Orangen, Ananas, Zitronen, Mango*
Blumen: *Rosenblätter, Veilchen, diverse Blütenansätze*
Gemüse: *Spargel, Karotten, Sellerie, rote Rüben*
Sonstige: *Bergkäse, Rotweine, kaltgepresstes Olivenöl, Balsamessige*

Zur Fertigstellung der Schokolade wird das Pergament-Papier vorsichtig abgelöst, die geschnittenen Tafeln werden geteilt und dann mit feinster Kuvertüre überzogen.

Hanf und Mocca

Schokolade-Moccaparfait mit Hanf

4 Portionen, Zubereitung ca. 40 Minuten
(zum Frieren 7 Stunden)

2 Tafeln ZOTTER Schokolade Hanf und Mocca oder
150 g dunkle Kuvertüre ■ 30 g Butter ■ 1 Ei ■ 1 Dotter
60 g Staubzucker ■ 1 EL Rum ■ 300 ml Schlagobers

Garnitur: 250 g gemischte Beeren (Erdbeeren, Himbeeren, Heidelbeeren) ■ Staubzucker

1 Vier Kaffeetassen oder Gläser (Inhalt ca. 150 ml) vorbereiten.

2 Schokolade in möglichst kleine Stücke schneiden und mit Butter über Wasserdampf schmelzen.

3 Parallel dazu über einem zweiten heißen Wasserbad Ei mit Dotter und Staubzucker gut schaumig schlagen. Masse vom Dampf nehmen, Rum und Schokolademischung einrühren und die Masse abkühlen lassen.

4 Obers cremig aufschlagen und behutsam unter die Schokolademasse heben. Masse in die vorbereiteten Tassen oder Gläser füllen, mit Frischhaltefolie abdecken und ca. 7 Stunden frieren.

5 Beeren putzen und waschen. Parfait aus dem Tiefkühlfach nehmen und die Folie entfernen. Parfait mit Beeren garnieren, mit Staubzucker bestreuen und mit den Biskotti servieren.

Biskotti

40 Stück, Zubereitung ca. 45 Minuten

270 g glattes Mehl ▪ 2 MS Backpulver ▪ 100 g geschälte Mandeln im Ganzen ▪ 2 MS Zimt ▪ 1 EL frischer Ingwer (geraspelt) ▪ Schale von 1 Zitrone (unbehandelt) Schale von 1 Orange (unbehandelt) ▪ 3 Eier 170 g Staubzucker ▪ 1 Pkg. Vanillezucker ▪ Salz, Mehl

1 Backrohr auf 170 °C vorheizen. Backblech mit Backpapier belegen.

2 Mehl mit Backpulver versieben. Mandeln, Zimt, Ingwer sowie abgeriebene Zitronen- und Orangenschale untermischen.

3 Eier mit Staubzucker, Vanillezucker und einer Prise Salz gut schaumig rühren (ca. 10 Minuten). Mehl-Mandelmischung zugeben und die Masse glatt verkneten.

4 Teig vierteln und jeden Teil auf einer leicht bemehlten Arbeitsfläche zu einer glatten Rolle (Länge ca. 18 cm) formen. Rollen auf das vorbereitete Blech setzen und im Rohr (mittlere Schiene) ca. 20 Minuten backen.

5 Rollen aus dem Rohr nehmen, auf ein Schneidebrett setzen und sofort mit einem Sägemesser in schräge, ca. 2 mm dicke Scheiben schneiden.

6 Backrohr ausschalten und bei geöffneter Backrohrtüre auf ca. 100 °C abkühlen lassen.

7 Teigscheiben wieder auf das Backblech legen und im noch warmen Rohr (mittlere Schiene) bei geschlossener Türe ca. 1 Stunde trocknen lassen.

Schokolade & Wein

Was man zur Schokolade trinkt, hängt meiner Meinung nach ganz von der Tageszeit ab: Untertags ist Wasser für die Schokolade die ideale Ergänzung, doch sobald es dunkel wird, sollte man, ab einem gewissen Alter, zum Wein übergehen. Kaffee und Schokolade haben natürlich schon aufgrund ihrer Herkunft ein Naheverhältnis zueinander. Wein und Schokolade sind ein kulinarisches Forschungsgebiet, dem ich keineswegs abgeneigt gegenüberstehe. Ich kann nur empfehlen, sich an einem netten Abend mit Freunden dem Thema anzunähern und selbst auszuprobieren, was schmeckt. Allerdings ist auf die Qualität der Weine zu achten, damit sie den komplexen Aromen und Geschmackseindrücken der Schokolade standhalten können.
Einfache Milchschokoladekompositionen, die geschmacklich in Richtung Mandel-Nougat gehen oder eine fruchtige Note wie Marille und Himbeere aufweisen, harmonieren am besten mit extraktreichen, fruchtbetonten Weißweinen.
Sekt passt zu heller Schokolade. Rosé Champagner harmoniert mit weißer Schokolade.
Je höher der Kakaoanteil der Schokolade ist, desto besser passen edelsüße Weine wie Eiswein, Ausbruch, Beeren oder Trockenbeerenauslesen, wobei Süßweine aus blauen Trauben ganz besonders gut harmonieren.
Der Alkoholgehalt des Weines sollte generell mit dem Kakaoanteil steigen.
Dunkle, kräftige Schokoladetypen brauchen einen kräftigen Wein. Am besten eignet sich dafür ein im Barrique ausgebauter, trockener Rotwein. Die idealen Typen sind weiche und vollmundige Weine mit reifem Gerbstoff und niedrigem Säuregehalt. Die meisten Weißweine sowie säurereiche Rotweine wie Chianti Classico, Rioja oder Pinot Noir sind allerdings ganz und gar keine Schoko-Freunde. In Kombination mit der Schokolade wirken sie dünn und adstringie-

rend, Säure und Gerbstoff treten unangenehm in den Vordergrund.
In Begleitung von Portweinen und Sherrys sowie des aus getrockneten, geschrumpften Trauben gekelterten Amarone, die mit ihrer kraftvollen Süße den starken Kakaoaromen standhalten können, fühlt sich Schokolade mit hohem Kakaoanteil ganz besonders wohl.
Auch französische, rote Süßweine (Banyuls) sind hervorragende Begleiter mit einem hohen Schoko-Appeal.

Tipp: Statt des Desserts ein Glas Wein und Schokolade zu reichen, kommt bei Gästen immer gut an.
Last but not least: Regeln sind nur Wegweiser – entscheiden soll aber immer der eigene Gaumen. Und wenn der findet, dass momentan gerade ein Glas gut gekühlter Welschriesling die erste Wahl zur Schokolade ist, dann ist das auch okay.

Mit Schokolade experimentieren

Wenn Schokolade in die Küche kommt, ist eigentlich immer von Kuvertüre die Rede. Wie bereits erwähnt, hat Kuvertüre einen höheren Fettgehalt (Kakaobutter) und wird daher dünnflüssiger. Aufgrund dieser Eigenschaft lässt sie sich in alle Richtungen bearbeiten und wird nicht nur zum Überziehen verwendet. Schokolade eignet sich genauso hervorragend zum Verfeinern von Biskuits oder diversen Füllcremes wie als Bestandteil eines Mürbteigs. Um sie in Cremes, Teigen oder Massen zu verarbeiten, muss sie einfach nur geschmolzen werden, weil es nicht auf den Glanz

Josef Zotter bei der Arbeit: Die „Schoko-Schöpfung" ist wie Zauberei.

und den Schmelz ankommt. Daher ist das Abkühlen und Wiedererwärmen auch nicht nötig.
Zunächst gelten für das Backen mit Schokolade die gleichen Regeln wie für das Backen im Allgemeinen. Sie ist eine Zutat wie jede andere, wobei jedoch berücksichtigt werden muss, dass Schokolade oder Kakaopulver einen mehr oder minder großen Fettanteil mitbringt.
Wenn geschmolzene Schokolade mit kühlen Lebensmitteln in Verbindung kommt, erstarrt sie sehr schnell. Das ist ideal, wenn sie als Überzug von Eis verwendet wird, doch beim Vermengen kann es dazu führen, dass sich nicht alle Zutaten mischen lassen. Durch ein Missgeschick dieser Art ist übrigens „Stracciatella" entstanden, denn die Schoko-Stückchen im Eis waren ursprünglich nicht geplant.
Daher sollen alle Zutaten zumindest Zimmertemperatur haben. Sobald die Schokolade eingemengt wird, müssen die übrigen Arbeitsschritte schnell erledigt werden, damit die Masse nicht zu fest wird.
Eischnee sollte für Kuchenmassen nicht ganz steif geschlagen werden, damit er sich besser unterrühren lässt.
Mehlspeisen mit Schokolade lassen sich hervorragend mit Vanille, Chili, Pfeffer, Kardamom oder Balsamico-Essig verfeinern. Bei der Dosierung Vorsicht walten lassen! Außerdem vertragen sich Essig und Milchschokolade nicht, sondern bewirken eine Verseifung.
Verwenden Sie immer echte Vanille: Vanilleschoten oder echtes Vanillepulver harmonieren fantastisch mit Schokolade. Vanillin ist dagegen ein synthetisch erzeugtes Aroma.
Saftiger werden Schokoladekuchen, wenn man geraspelte Äpfel oder Birnen (Richtwert: pro Torte ein Stück) unter die Masse rührt. Am nächsten oder übernächsten Tag ziehen die Aromen an und der Kuchen schmeckt noch besser.
Bei buttergerührten Massen, wie etwa der Sachermasse, muss die Butter sehr weich sein und die Eier müssen Zimmertemperatur haben, damit sich die Zutaten gut binden.

Sollte das Butter-Eier-Gemisch ausflocken, so kann man die Masse im warmen, aber nicht heißen Wasserbad wieder zum Binden bringen.
Suchen Sie sich also ein Rezept aus und dem schokoladigen Vergnügen steht nichts mehr im Wege!

Tipp: Schokolade richtig aufbewahren

Schokolade ist ein sensibles Lebensmittel, das sich am besten bei gleichmäßigen Temperaturen von 15 bis 18 °C hält. Zur kurzen Lagerung ist ein kühler, trockener Schrank ideal. Ab 25 °C wird die Kakaobutter langsam flüssig und steigt an die Oberfläche. Das bildet einen weißlichen Film, der den Schmelz und das Gefühl auf der Zunge beeinträchtigt. In der Fachsprache heißt das: Die Schokolade blüht. Bei noch wärmeren Temperaturen, nämlich ab 35 °C, schmilzt Schokolade.
Im Kühlschrank hat Schokolade ebenso wenig verloren, weil dann der Zucker an der Oberfläche kristallisiert und raue Spuren hinterlässt. Nach kalter Lagerung (unter 8 °C) schwitzt Schokolade, wenn man sie zu schnell auf Zimmertemperatur bringt.

Erfolg durch
Visionen

Eine Schokoladenmanufaktur in Bergl

Gibt es etwas Schöneres als Wünsche, die in Erfüllung gehen? An einem schönen Sommertag stand sie da: unsere Schokoladenmanufaktur. Dort, wo einst der Stall gewesen war, in dem ich als Kind die Kühe gefüttert hatte, erstrahlte die Fabrik in vollem Glanz.

Ich wollte unsere Schokolade nicht hinter verschlossenen Türen produzieren, weil es in der transparenten Welt, in der wir leben, sowieso kaum noch Geheimnisse gibt. Deshalb können die Besucher bei uns einen Blick hinter die Kulissen werfen:

Wenn sich der Vorhang zum Produktionsraum hin öffnet, kann man die Schokoladenproduktion verfolgen wie ein Schauspiel. Meine Mitarbeiter und Mitarbeiterinnen sind die Protagonisten mittendrin und ich sitze wie ein Regisseur in meinem Mini-Büro und überblicke das Geschehen. Lustigerweise haben wir ja bei der Planung auf mein Büro ganz vergessen, weil ich eigentlich immer unterwegs und nicht so richtig sesshaft war. So wurde im Nachhinein die Höhe der Produktionshalle ausgenutzt und ein Raum für mich geschaffen, den die Mitarbeiter gerne „Adlerhorst" nennen.

Wie Requisiten schweben zwölf großformatige Acrylgemälde von Andreas Gratze über der technischen Produktion und erinnern an die mystische Verbindung von Kunst und Schokolade. Als Kulisse in unserem Schoko-Theater dient im Hintergrund der freie Blick auf die Felder, wo meine zotteligen Hochlandrinder weiden.

Für den Sound zeichnet unsere Verpackungsmaschine verantwortlich, die trotz ihres fortgeschrittenen Alters von über 60 Jahren unaufhörlich vor sich hinrattert. Es ist, als würde die Diva ihre eigenen Geschichten erzählen, wenn sie Schokoladen in ihre Banderolen-Kostüme steckt. Zu dieser Maschine, die mit Respekt und viel Geduld behandelt wird, sind wir gekommen, weil wir mit den handelsüblichen Verpackungsmaschinen aufgrund der unterschiedlichen Höhen unserer Schokoladen nicht weit gekommen sind. Anfangs haben wir unsere Schokoladen händisch verpackt, aber ich finde, man sollte die Handarbeit dort einsetzen, wo es Sinn macht: Beim Abrühren der Schokomasse, beim Verfeinern der Füllungen, beim Marinieren der Früchte, beim Einstreuen der Rosinen ist der persönliche Bezug wichtig. Beim Verpacken ist aber unsere alte Dame unschlagbar.

Das Highlight und sozusagen ein Anlass zur Belustigung für die Zuschauer ist das „Running Chocolate", ein Mini-Fließband, das um das Glaspanorama herumführt und unser Schokoladensortiment spazieren führt wie anderswo das Sushi. Kosten darf man selbstverständlich auch.

Eigentlich geht es bei uns ein bisschen wie in einer Großküche zu: Wenn die Waren ankommen, wird ihre Qualität kontrolliert. Kommt beispielsweise eine Palette Nüsse an, so muss sensorisch überprüft werden, ob bittere Nüsse darunter sind. Wir haben aufgrund der Frische unserer Zutaten ein relativ kleines Lager, das am ehesten an den Naschmarkt erinnert: Es gibt Paradeiser und Paprika, Nüsse und Mohn, Marzipan und Honig, Mangos und Käse und unzählige Schnäpse und Weine. Ich sage oft, ich kann ja nichts Besonderes, deshalb muss ich die optimalen Produkte auswählen, die dann in der Schokolade zu einem Geschmackserlebnis zusammengeführt werden.

Die Entwicklung der einzelnen Sorten ist mein kreativer Beitrag und findet großteils in meinem Kopf statt. Die Leute stellen sich oft vor, dass es Produktentwicklung gibt und langwierige Tests, bevor eine Schokolade entsteht. Dem ist nicht so: Ich bestelle zwar Ware für Experimente, die sich in meinem kleinen Büro zwischen Büchern ansammelt, und ich mache kleine sensorische Tests, um die optimalen Produkte für die Umsetzung der Schokolade zu finden; die Schokoladenkomposition erprobe ich jedoch in meinen Gedanken. Ob sich die Schokola-

denvariation verkaufen lässt oder nicht, daran verschwende ich in diesem Stadium keine Gedanken. Sobald ich von einer Idee besessen bin und daran glaube, setze ich sie auch um. In der Schokoladen industrie wird meist ganz anders vorgegangen. Zuerst wird der Markt beobachtet, die Zielgruppe festgelegt, dann der Geschmack ausgetestet, die Werbestrategie und die Verpackung werden vorgegeben und zum Schluss wird die passende Schokolade dazu gebastelt. Mit Passion und Begeisterung hat das wenig zu tun: Es kommen dann Schokoladen in die Regale, die nicht anziehend sind, sondern anbiedernd. Und damit habe ich nichts am Hut.
Kreativität lässt sich nicht steuern und daher habe ich auch keine fixen Zeiten fürs Erfinden von Schokoladen. Mittlerweile habe ich das so gelöst, dass ich in einem dicken Ideenbuch alle Eindrücke sammle. Auslöser dafür können ein Telefonat oder eine Begegnung mit einem Menschen, ein Zeitungsartikel oder ein Geruch sein. Ich schreibe die Ideen sofort auf, weil ich die Erfahrung gemacht habe, dass sie sich sonst in Luft auflösen. Bis Weihnachten habe ich interessanterweise nicht sehr viele Ideen, weil unsere Produktion unter Hochdruck läuft. Aber ab Jänner kommen dann immer mehr Ideen wie zum Beispiel eine neue Rezeptur wie jene für „Rote Rüben mit Galgant".
Nach Ostern wird es für gewöhnlich ruhiger und ich schaue mir die hundert bis zweihundert Geistesblitze an, die ich während des Jahres gesammelt habe, und bin dann selbst erstaunt darüber, dass ich Eierschwammerln mit Fruchtmark kombinieren wollte oder ein wundersames Wurzelpulver aus dem Urwald entdeckt habe. Aus diesem Sammelsurium an Eindrücken kommen in etwa zwanzig bis dreißig pro Jahr in die engere Auswahl.
Ich lasse also meine Ideen wachsen. In der ersten Begeisterung hat man oft nur eine Sichtweise, aber wenn das ein paar Tage liegt, sieht es schon wieder anders aus. Irgendwann kommt der Zeitpunkt, an dem ich die Ideen aufs Wesentliche reduziere und mir klar wird, wie ich den Gaumen beschäftigen

werde. Dann setze ich mich hin und schreibe das Rezept auf einen der Schmierpapierzettel: so viel Essig, so viel Zimt, so viel, Koriander, so viel Chili ...
Daran wird nichts mehr verändert, außer vielleicht etwas Küchentechnisches, wenn eine Masse zu klebrig ist oder die Konsistenz nicht passt. Eigentlich jammern die Leute immer, wenn ich ein neues Produkt kreiere: „Chef, das geht nicht", sagen sie. Aber da bleibe ich stur und installiere lieber neue Abläufe, als dass ich etwas an der Rezeptur verändere.
Mir geht es in meiner Arbeit darum, keinen Mainstream zu züchten oder mich an den Vorlieben der Masse zu orientieren. Wenn man das macht, trifft man nur einen Geschmack, der irgendwo in der Mitte liegt, und es entsteht ein feiges Produkt, das allen recht ist, aber niemanden begeistert. Solche Produkte haben kein Herz. Sie haben nichts Verwerfliches an sich und – wenn man so will – auch kein Charisma. Sie werden weder geliebt noch gehasst.
Es gibt einen Teil im Sortiment, den ich ein bisschen auslote: Was soll beispielsweise mit der Hummerschokolade passieren? Soll ich in Richtung Zitrus-Orange gehen oder muss ich etwas Konträres hineingeben? Und mir wird klar, dass Hummerbutter am besten mit einer süßlich-lieblichen Richtung harmoniert. Manches Mal mache ich auch kleine Versuche und röste ein paar Kürbiskerne oder probiere einen Schnaps und einen Kaffee dazu. Die Sorte „Kaffee-Pflaume" war die schrägste Kombination

überhaupt: Kaffee und Rotwein mit karamellisiertem Speckkrokant harmonieren an sich ja nicht unbedingt. Aber in Kombination mit der Pflaume, die beides interessanterweise verbindet, entsteht ein gänzlich neuer Geschmack, den es früher nicht gegeben hat.
Das sind jene Kreationen, bei denen ich mir selber oft unsicher bin.
Dem Umsetzen der Ideen fiebere ich immer entgegen, denn das Entstehen einer neuen Schokolade ist wie eine Geburt: Wenn sie einmal da ist, kann man nicht mehr viel daran verändern. Ich kann ja nicht aus einer Laune in die Manufaktur gehen und die ganzen Rezepte auf den Kopf stellen.
Trotzdem bin ich mir sicher, dass man vom Improvisieren am meisten lernt. Ich kann diese Schulbücher nicht mehr sehen, die etwas für die Ewigkeit festschreiben wollen und einem sagen, wie etwas zu sein hat und wie es für immer und ewig zu bleiben hat. Das habe ich nie gemocht: Deshalb habe ich sämtliche Fachbücher weggeworfen, weil sie mir nichts nützen. Gleich nach der Meisterprüfung habe ich das Zeugnis irgendwo hingeschmissen. Ich weiß gar nicht, wo es ist. Wahrscheinlich am Dachboden. Man muss sich sowieso jeden Tag neu erfinden. Es nützt ja nichts.
Doch die meisten Menschen haben zu viel Angst, dass es irgendjemanden gibt, dem es nicht passen könnte. Ich habe sehr früh gelernt, dass ich nicht jedem genügen kann. Wenn du vor 200 Leuten stehst, gibt es welche, denen bist du unsympathisch, und andere mögen dich auf Anhieb. Es gibt kein Patentrezept. Und für den Erfolg schon gar nicht: Dasselbe Produkt, vom Meier gemacht, könnte erfolgreicher sein als die Zotter-Schokolade oder auch völlig erfolglos. Daher habe ich auch keine Angst vor Nachahmern, denn ich halte mich an das Sprichwort: „Viele Wege führen nach Rom." Und außerdem gibt es nichts Schlechteres als eine Kopie, weil es ihr an Geist und Seele fehlt.

Oben: Viele Wege führen nach Rom. In dieser Variation zieht sich der Geschmack von zartschmelzender Schokolade über feine Polenta.

Lemon Curd Torte

1 Torte (12 Stück), Zubereitung ca. 1 1/2 Stunden

Lemon Masse: 5 mittlere Eier ■ 400 g glattes Mehl ■ 1 Pkg. Backpulver ■ 50 g Rosinen
200 g weiche Butter ■ 300 g Staubzucker
1 Pkg. Vanillezucker ■ Schale von 2 Zitronen (unbehandelt) ■ Saft von 2 Zitronen (80 ml)
100 g Kristallzucker ■ 150 g Buttermilch ■ 2 EL Gin

Lemon Curd und Garnitur:
2 Tafeln ZOTTER Schokolade Lemon Curd oder
150 g dunkle Kuvertüre ■ 100 g Butter
Schale von 2 kleinen Zitronen (unbehandelt)
40 g Kristallzucker ■ Butter, Mehl, Salz

1 Backrohr auf 170 °C vorheizen. Springform (Durchmesser 24 cm) mit Butter ausstreichen und mit Mehl ausstreuen.
2 Eier in Dotter und Klar trennen. Mehl mit Backpulver versieben, Rosinen untermischen. Weiche Butter mit einer kleinen Prise Salz, Staubzucker, Vanillezucker und abgeriebener Zitronenschale gut schaumig rühren. Dotter nach und nach untermischen. Zitronensaft einrühren.
3 Eiklar mit Kristallzucker zu cremigem Schnee schlagen. Schnee, Buttermilch, Gin und die Mehlmischung abwechselnd unter die Masse heben. Masse in die vorbereitete Form füllen und gleichmäßig verstreichen. Torte im Rohr (untere Schiene/Gitterrost) ca. 65 Minuten backen. Torte aus dem Rohr nehmen und auskühlen lassen.
4 Für die Garnitur Zitrone in feinen Streifen (Zesten) abheben. Ca. 50 ml Wasser mit Zucker aufkochen und vom Herd nehmen. Schalenstreifen zugeben und 5 Minuten ziehen lassen. In ein Sieb schütten, kalt abschrecken und gut abtropfen lassen.
5 Für das Lemon Curd Schokolade in kleine Stücke schneiden, über einem Wasserbad schmelzen und überkühlen lassen. Butter gut schaumig schlagen, die überkühlte Schokolade zugeben und die Creme nochmals 2 Minuten gut aufschlagen (Schneebesen).
6 Torte aus der Form lösen und zweimal horizontal durchschneiden. Einen Boden in die Form legen und mit einem Drittel der Creme bestreichen. Zweiten Boden darauf legen und mit einem weiteren Drittel der Creme bestreichen. Übrigen Boden darauf legen und behutsam andrücken. Torte rundum mit restlicher Creme wellig einstreichen und mit Zitronenstreifen garnieren.

lemon curd

Fenchel-Orange
TRINK SCHOKOLADE
handgeschöpft
zotter

Knusprige Schokowaffeln

Ca. 20 Stück, Zubereitung ca. 35 Minuten

2 Eiklar ■ 110 g weiche Butter ■ 1 Pkg. Vanillezucker 20 g Honig ■ 55 g Kristallzucker ■ 80 g glattes Mehl 150 g Bitterschokolade (klein gehackt) ■ 100 g Kürbiskerne ■ 100 g Haselnüsse (grob gehackt) ■ Salz

1 Backrohr auf 190 °C vorheizen. Backblech mit Backpapier belegen.

2 Eiklar mit Butter, Vanillezucker, einer kleinen Prise Salz, Honig und Zucker zu einer glatten Masse verrühren (Schneebesen). Mehl unterrühren. Masse auf dem Blech gleichmäßig dünn verstreichen und mit Schokolade, Kürbiskernen und Nüssen bestreuen.

3 Waffel im Rohr (mittlere Schiene) ca. 15 Minuten backen, aus dem Rohr nehmen und auskühlen lassen. Waffel in beliebig große Stücke brechen und mit dem Schokoladedrink servieren.

Schokoladedrink mit Fenchel und Orangen

4 Portionen, Zubereitung ca. 20 Minuten

550 ml Milch ■ 4 Tafeln ZOTTER Trinkschokolade Fenchel-Orange ■ Schale von 2 Orangen (unbehandelt)

1 Für den Drink 400 ml der Milch aufkochen, Trinkschokolade einlegen und darin unter Rühren auflösen. Parallel dazu übrige Milch erwärmen und mit Schneebesen dickcremig aufschlagen. Milchschaum ca. 1 Min. ziehen lassen.

2 Schokolademilch in Gläser füllen, mit der Hälfte der Orangenschalen verfeinern. Milchschaum einfüllen und mit den übrigen Orangenschalen garnieren.

Erfolg mit fairem Handel

Der Grund dafür, dass wir die gesamte Produktion auf fair gehandelte Rohstoffe umgestellt haben, ist, dass wir einen Beitrag dazu leisten wollten, dass es den Kakaobauern ökonomisch besser geht. Im herkömmlichen Handel geht das Geld an große Konzerne und Zwischenhändler und den Produzenten selbst bleibt oft nicht einmal genug zum Überleben. Wenn man sieht, wie die Leute auf einer Plantage arbeiten, und ihren Kampf ums Überleben beobachtet, dann wird einem klar, dass hier etwas in der Verteilung der Güter nicht in Ordnung ist.

Nach meiner Überzeugung müssen Unternehmer auch Verantwortung für die Umwelt und die Menschen tragen und es gibt mir persönlich ein gutes Gefühl diesbezüglich ein Vorreiter zu sein. Unsere Schokoladenmanufaktur beteiligt sich an einem Projekt in Nicaragua, das von der Österreichischen Bundesregierung durch einen Entwicklungshilfe-Fonds mitfinanziert wird.

Gemeinsam mit Horizont 3000 versuchen wir, dort eine Kooperative aufzubauen. Mir ist es dabei sehr wichtig, die Leute zu motivieren das wunderbare Naturprodukt Kakao mit Respekt zu behandeln. Im Grunde soll folgender Kreislauf in Bewegung gesetzt werden: Wir unterstützen die Kakaobauern dabei, die Qualität zu verbessern, indem sie in der Plantage und bei der Fermentation sorgfältiger arbeiten. Wir erhalten dadurch bessere Qualität und besseren Geschmack und können somit mehr für die Bohnen bezahlen. Das führt zur Verbesserung des Lebensstandards der Kakaobauern und wir wissen, woher die Produkte kommen.

Mit Kakaogenossenschaften funktioniert dies am besten: Dort müssen zahlreiche Kriterien wie beispielsweise der Schutz des Regenwaldes, das Verbot von Kinderarbeit, verpflichtender Schulbesuch oder eine nachhaltige Wirtschaftsweise eingehalten werden. Das FAIRTRADE -Gütesiegel zeichnet dann die Produkte aus, die Rohstoffe aus fairem Handel beziehen. Über die Qualität des Kakaos sagt dies jedoch

nicht unbedingt etwas aus, weil sie sehr wohl vom Engagement und der Arbeit der einzelnen Kakao bauern abhängt.
Aber nur wenn es gelingt, hier eine Eigendynamik zu entwickeln, können Veränderungen herbeigeführt werden – damit es in diesen armutsgefährdeten Ländern wieder Schulen gibt oder ärztliche Hilfe. Denn die Menschen dort wollen nichts geschenkt, sondern für ihre Arbeit entsprechend entlohnt werden.
Ich finde es auch spannend, etwas dazu beitragen zu können, dass die Menschen sich wieder um die Sorten kümmern, so wie in den Obstgärten jeder „Kronprinz Rudolf" von „Idared" unterscheiden kann. In Bezug auf den Kakao ist leider sehr viel Wissen in Vergessenheit geraten, weil niemand mehr danach gefragt hat. Bis vor einigen Jahren hat man einfach nur Kakao gekauft, egal ob aus Nicaragua oder Ghana, aus Peru oder Indonesien. Obwohl

die Kakaobohnen je nach Region und Beschaffenheit des Bodens anders schmecken, existiert kaum Plantagenkakao, also Kakao eines bestimmten Produzenten. Aber das Bewusstsein, dass für eine gute Schokolade auch die Qualität der Kakaobohnen passen muss, wird hoffentlich vieles verändern.
Neben Kakao beziehen wir Kaffee, Rohrzucker und auch Mangos über den fairen Handel. Für mich beschränkt sich dies aber nicht auf die Entwicklungsländer. Ich bezahle auch meine Lieferanten aus der näheren Umgebung fair und achte darauf, dass wir möglichst viele regionale Produkte verwenden und damit die Nachhaltigkeit unterstützen.
Ich bin sehr froh darüber, dass unsere Kunden das mittragen. Man kann nicht erwarten, in einer Schokoladentafel um 70 Cent Edelkakao oder Produkte aus biologischem Anbau zu finden. Das geht sich aus wirtschaftlicher Sicht in 100 Jahren nicht aus und bewusste Konsumenten, von denen es zum Glück immer mehr gibt, haben ein Verständnis dafür entwickelt.

Zotters Geschmacksschule

Mit Neugier entdecken

Wer bewusster genießt, hat mehr davon. Deshalb ist es wichtig, sich mit offenen Augen durch die kulinarische Welt zu bewegen. Die Grundvoraussetzungen dafür sind Neugier, Zeit, Offenheit und Beobachtungsgabe. Wer nie etwas Neues probiert, stumpft ab: Das ist beim Gehirn nicht anders als beim Gaumen. Interessanterweise hat ein Säugling rund 10.000 Geschmacksknospen, während ein Erwachsener nur noch durchschnittlich 5.000 davon besitzt.

Voller Freude genießen

In unserer Snack-Kultur ist das gar nicht so einfach. Aber wer zwischendurch und in Gedanken verloren Nahrung zu sich nimmt, bringt sich selbst um ein

Stück Lebensqualität. Gutes Essen und gute Schokolade im Besonderen sind ideal, um sich an den kleinen Dingen des Lebens zu erfreuen. Geschmack bedeutet: das Vermögen zu schmecken. Dieses Talent ist unterschiedlich ausgeprägt: „Superschmecker", also Menschen, die von Geburt an besonders viele Geschmacksknopsen auf der Zunge haben, tun sich dabei freilich leichter als „Nichtschmecker", die weniger sensibel auf geschmackliche Reize reagieren. Doch wer mit Freude isst, tut seinem Körper immer etwas Gutes.

Das Schmecken erlernen

Unsere Geschmacksknospen können im Grunde nur süß, salzig, bitter und scharf unterscheiden. Hinzu kommen noch umami und fett*, die ebenso zu den Grundgeschmacksrichtungen zählen. Die bewusste Wahrnehmung der Geschmacksqualitäten entsteht erst durch die Aktivierung von Nervenzellen im Gehirn. Wer nicht als „Superschmecker" geboren wurde, kann sich damit trösten, dass der Gaumen lernfähig ist. Man muss sich dazu intensiver mit der Materie auseinander setzen und seine Wahrnehmung allmählich schulen, um zu erkennen, was sich am Gaumen abspielt und wie sich das Geschmacksbild im Mund aufbaut. Bei der Schokolade geht das am besten, wenn man sie auf der Zunge zergehen lässt. Aus diesem Grund ist mir die Gruppe der Schoko-Beißer suspekt: Sie wollen angeblich einen Widerstand überwunden wissen und beißen deshalb zu. Ich bin jedenfalls prinzipiell dagegen, Schokolade zum Aggressionsabbau einzusetzen.

Immer der Nase nach

Fast 80 % des Gaumenerlebnisses werden von der Nase geliefert, denn das Aroma wird vom Geruchssinn wahrgenommen, nicht von der Zunge. Wenn etwas Besorgnis erregend riecht, isst man es nicht: Diesbezüglich können sich Menschen noch auf ihren Instinkt verlassen. Wie wichtig die Nase ist, bemerkt man, wenn man Schnupfen hat, weil dann die Aromen ausfallen und alles fad schmeckt.

Dem eigenen Geschmack vertrauen

Viele Menschen sind orientierungslos – sogar was ihren Geschmack betrifft. Sie brauchen immer jemanden, der ihnen sagt, was gut ist und was nicht. Auf die Tatsache, dass jeder einen individuellen Geruchs- und Geschmackssinn hat, haben wir mit unserem umfangreichen Sortiment reagiert.

Ich finde es nicht richtig, wenn Journalisten schreiben, ausschließlich Bitterschokolade sei edel und gut. Wer Milchschokolade gerne mag, sollte deshalb nicht darauf verzichten. Wenn ein hochwertiger Kakao und ein gutes Milchpulver verwendet wurden, ist absolut nichts dagegen einzuwenden.

Vielleicht kommt einmal jemand, der sagt, Milchschokolade ist das Nonplusultra und eine Tafel von der „Kuh Liesl" kostet 27 Euro. Auch mit den Plantagenkakaos wird oft Etikettenschwindel betrieben, weil die Konsumenten sich etwas anderes darunter vorstellen. Diese Plantagen sind nicht mit der Größe eines südsteirischen Weingutes, sondern eher mit dem Gebiet der gesamten Steiermark vergleichbar. Ich wünsche mir mündige Kunden, die das durchschauen und trotzdem zu ihrem eigenen Geschmack stehen.

*„Umami" ist die Bezeichnung für die 5. Geschmacksqualität. Der Geschmacksforscher Ikeda fand heraus, dass diese Komponente durch natürliches Glutamat beigesteuert wird. Besonders hohe Glutamatkonzentration findet man in reifen Tomaten, Spargel, Käse oder Fleisch. Falls etwas weder süß oder salzig noch bitter oder sauer ist, kann man durchaus sagen: „Das schmeckt umami."
Forscher sind auch auf ein Glycoprotein direkt neben den Geschmacksknospen gestoßen, das die Vorliebe für Fett steuert. „Fett" gilt als sechste Geschmacksrichtung.

„Weniger ist mehr"

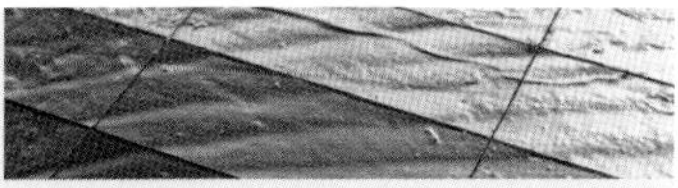

Was Mies van der Rohe über die Architektur gesagt hat, gilt für die Schokolade ebenso. Wie ein Therapeut komme ich mir vor, wenn ich sage: „Eine Tafel Schokolade pro Woche reicht." Ich muss schmunzeln, wenn meine Botschaft bei manchen Kunden mit blankem Entsetzen aufgenommen wird. Aber ich finde, Schokolade ist ein Genuss- und kein Nahrungsmittel. Mein Argument dazu lautet: Iss die Hälfte an Schokolade, gib dafür lieber doppelt so viel aus und du hast davon mehr.

Angesichts des Schokoladenkonsums kann einem ganz anders werden: Die Schweizer verdrücken laut Statistik durchschnittlich zwölf Kilogramm Schokolade im Jahr, wobei sie einen Teil davon auf die Einkäufe der Touristen schieben können. Die Deutschen liegen bei zehn Kilo und danach kommt schon die Schoko-Tiger-Nation Österreich, die mit 9,3 Kilo pro Mann oder Frau auf dem dritten Platz liegt. Das sind 93 Tafeln Schokolade zu 100 Gramm. Und es ist zu viel.

Interessant ist ein internationaler Vergleich: Die Afrikaner essen kaum Schokolade, während viele Lateinamerikaner es vorziehen, ihre Schokolade zu trinken. In Saudi-Arabien hat der Konsum von Schokolade den europäischen fast schon erreicht, wobei die Araber ganz verrückt nach extra-süßen Erzeugnissen sind. Bei den Pralinen führen die Belgier im Pro-Kopf-Verzehr, wenngleich hier wiederum die Touristen ordentlich zuschlagen.

Die Glasur – der Schokoüberzug

Wenn ein Kuchen, eine Torte oder Pralinen im schönsten Schokobraun glänzen, dann ist dies auf die Kuvertüre zurückzuführen. Verspielten Naturen macht es vielleicht Spaß, einen Kuchen mit verschiedenen Farbakzenten zu verschönern: Dazu verwendet man einfache helle, dunklere oder weiße Kuvertüre.

Tauchen: Die einfachste und gängigste Methode für Konfekt ist das Tauchen. Dazu benötigt man eine Gabel (es gibt auch spezielle Pralinengabeln), ein Kuchenblech und – wenn vorhanden – ein feinmaschiges Gitter. Am besten hält man die Kuvertüre im Wasserbad bei gleichmäßiger Temperatur. Als Ablage zum Abtropfen setzt man das Gitter auf ein Blech. Dann kann es losgehen: Das Konfekt vorsichtig aufspießen und eines nach dem anderen in die Kuvertüre tauchen. Zum Abtropfen das Konfekt etwas schwenken und aufs Gitter setzen. Sobald es fest zu werden beginnt, auf ein Backpapier legen und es dort völlig fest werden lassen. Empfindliches Gebäck bestreicht man besser mit einem Pinsel. Vorsicht beim Tauchen von Früchten: Nur gut getrocknetes Obst oder Trockenfrüchte verwenden!

Bestreichen: Torten bestreicht man am besten mit Hilfe einer Palette. Um einen schönen Glanz zu erzielen, muss die Schokolade vorher temperiert werden. Die Kuvertüre wird dann auf die Oberfläche gegossen. Am besten setzt man die Torte auf ein Gitter mit Blech darunter, um die überflüssige Kuvertüre aufzufangen. Dann die Masse zügig verstreichen, weil sie schnell fest wird.

Übergießen: In der Patisserie werden kleine Gebäckstücke oder kleine Desserts auf einen Guss überzogen. Dabei wird reichlich Schokolade gleichmäßig übergossen, bis ein völlig glatter Überzug

entsteht. Der Nachteil: Man verbraucht dabei sehr viel Schokolade. Allerdings kann man die Reste erneut schmelzen und wieder verwenden. Je öfter man die Schokolade erwärmt, desto mehr Aromen gehen jedoch verloren.

Ein Überzug aus reiner Kuvertüre ist keine Pflicht. Wem die Decke so zu knackig ist, der kann auch eine weichere Glasur, wie zum Beispiel eine Canache-Glasur (siehe Rezept „Schokoladetorte mit Chili und Ingwer"), verwenden. Sie ist von der Konsistenz her zartschmelzender und lässt sich mit der Gabel beim Essen von oben nach unten durchdrücken. Was dabei fehlt, ist der herbe Geschmack dunkler Schokolade.

Reifung zum Mythos

Märchen & Wunder

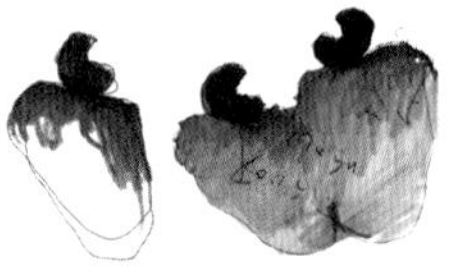

Manchmal setze ich mich in Ruhe hin und stelle mir das Regal in unserem Schoko-Laden vor. Ich muss schließlich das ganze Sortiment im Kopf haben, denn wenn ich eine neue Schokolade kreiere, muss ich klar sehen, wo sie geschmacklich hingehört. Unser Schoko-Regal fängt links oben bei „Ananas und Paprika" an und hört rechts unten bei „Zimt-Apfel" auf. Danach kommen die „balleros", die ich „Kernkraftwerke in Schokolade gerollt" nenne, sowie das Sortiment an Trinkschokoladen.

Ich kann Geschmack denken und daher weiß ich genau, wie „das Regal" schmeckt. Ich weiß, wie die exotische Süße der Ananas auf die milde Schärfe des Paprikas trifft, wie sich die Eigenheiten von „Szechuan-Pfeffer und Minze" verbinden, wie bei „Sesam-Sauerkirsch" der Sesam den Kirschgeschmack unterstützt, indem er die Säure neutralisiert, und wie schließlich „Zimt-Apfel" harmonieren und vorweihnachtliche Gefühle wecken.

Wo wird die nächste Kreation ihren Platz finden? Und welche der Sorten wird still und heimlich aus dem Regal verschwinden? Für die zweite Frage trage ich zum Glück nicht die Verantwortung. Meine Frau Uli ist die Hüterin des Sortiments und geht dabei nicht nur nach Verkaufsargumenten vor. Wenn es nach mir ginge, hätten wir ja wahrscheinlich schon 250 verschiedene Sorten.

„Was macht der Zotter jetzt?", mögen sich manche fragen. Und die Antwort ist: „Er macht weiter." Ich habe nicht die Absicht, Milliardär zu werden. Im Grunde bin ich aber wirklich reich, weil ich eine tolle Familie habe und wir nach 18 Jahren Ehe noch einmal Nachwuchs bekommen haben. Ich könnte mir viele Dinge kaufen, die ich dann doch nicht nehme, und zwar aus dem einfachen Grund: weil ich sie nicht brauche.

Unsere Gesellschaft suggeriert uns ständig, alles haben zu müssen, und daher gibt es viele Menschen,

Rotwein-Truffes

30 Stück, Zubereitung ca. 35 Minuten
(zum Kühlen insgesamt 4 Stunden)

700 ml Rotwein ■ 6 Tafeln ZOTTER Schokolade Schönberger Rot oder klein gehackte dunkle Kuvertüre (70 % Kakaoanteil) ■ 150 g zimmerwarme Butter

Garnitur: Kakao

1 Wein auf 250 ml einkochen und auskühlen lassen. Schokolade in kleine Stücke schneiden und über Dampf schmelzen (35–40 °C).

2 Butter ein wenig schaumig rühren. Wein und geschmolzene Schokolade abwechselnd nach und nach unter ständigem Rühren in den Butterabtrieb gießen. Masse in eine Schüssel füllen, mit Frischhaltefolie zudecken und ca. 1 Stunde kühl stellen.

3 Eine kleine Platte mit einem Stück Backpapier belegen. Aus der Schokomasse mit einem kleinen Löffel gleich große Nockerln ausstechen. Zu glatten Kugeln formen, auf die Platte setzen und ca. 3 Stunden kühl stellen.

4 Truffes behutsam in Kakao wälzen, überschüssigen Kakao entfernen und die Truffes auf eine Platte setzen.

Weißwein-Truffes

30 Stück, Zubereitung ca. 35 Minuten
(zum Kühlen insgesamt 4 Stunden)

1 l Weißwein (Gewürztraminer)
5 Tafeln ZOTTER Schokolade Maracujatraube mit Mandeln oder 300 g klein gehackte helle Milch-Kuvertüre

100 ml Milch ■ 80 g Traubenzucker (Dextropur)
60 g gekühlte Butter (klein geschnitten)

Garnitur: 150 g weiße Kuvertüre

1 Wein auf 350 ml einkochen und auskühlen lassen. Schokolade in möglichst kleine Stücke schneiden.
2 Milch mit Traubenzucker aufkochen, Schokolade zugeben und unter Rühren in der Milch auflösen. Wein untermischen und glatt rühren. Butter nach und nach in die Masse rühren. Masse in eine Schüssel füllen, mit Frischhaltefolie zudecken und 1 Stunde kühl stellen.
3 Eine kleine Platte mit einem Stück Backpapier belegen. Aus der Schokomasse mit einem kleinen Löffel gleich große Nockerln ausstechen. Zu glatten Kugeln formen, auf die Platte setzen und 3 Stunden kühl stellen.
4 Für die Garnitur Kuvertüre grob raspeln (Schokoladespäne), die Truffes darin wälzen und auf eine Platte setzen.

Tipp: Je nach Geschmack kann man die Truffes statt in Schokospänen auch in fein gesiebtem Staubzucker (Puderzucker) wälzen.

die ihre wahren Bedürfnisse nicht mehr kennen und nach Orientierung suchen. Viele haben eine große Sehnsucht nach Werten, die ihrem Leben wieder Sinn und Sinnlichkeit geben, und dazu kann jeder etwas beitragen: sogar und vielleicht gerade mit Schokolade.
Ich finde es wichtig, den Fairtrade-Gedanken weiterzutragen, den biologischen Anbau zu forcieren und sich für ein gutes Betriebsklima einzusetzen. Manche sehen in mir schon einen Entwicklungshelfer, weil ich mich jetzt gerade für die Kooperativen in Nicaragua und Panama engagiere, oder wahlweise einen Psychotherapeuten, weil ich die blinde Gier ablehne. Letztendlich sind es meine Kunden, die die Umsetzung meiner Ideen und meiner Ethik ermöglichen, und darüber bin ich sehr glücklich. Mir macht die Arbeit nur dann Freude, wenn ich etwas vermitteln kann. „Wir versenden jeden Tag Glück. Oft 40.000 Mal", sage ich oft zu meinen Mitarbeiterinnen und Mitarbeitern. Das ist eine enorme Verantwortung. Für jeden in unserer Manufaktur ist es wichtig, ein Gefühl für den Wert der Produkte zu entwickeln, sie zu schätzen und mit Liebe bei der Sache zu sein. Natürlich ist man als Unternehmer auch nicht jeden Tag glücklich – nicht einmal in einer Schokoladenmanufaktur. Ich will keine braven Sachen machen, denn Zotter steht ja nicht umsonst für außergewöhnliche, innovative Zusammensetzungen. Ich brauche Schokoladen, die etwas bewegen, die zum Nachdenken anregen oder zumindest Verwunderung auslösen. Wenn jemand kopfschüttelnd die Schokolade „Steinpilz mit kandierten Preiselbeeren" in der Hand hält, dann finde ich das lustig.
Als Chocolatier hat man auch ein bisschen das Image eines Verführers und mit dem Schokoladen-Theater, das wir im Jahr 2007 eröffnen werden, will ich die Kunden tatsächlich in die Welt der Sinne entführen. Angezogen vom Duft der Schokolade, kommen oft Menschen zu mir, die behaupten, die Manufaktur besichtigen zu wollen. Ich vermute, dass dies oft nur ein Vorwand ist und sie in Wahrheit die Schokolade aus Wasserhähnen fließen sehen wollen. Das sind

Kindheitsträume, die man mit Schokolade in Verbindung bringt. Ich freue mich jedenfalls, die Leute in die Entstehungsgeschichte und die Geheimnisse der Schokolade einweihen zu können.
Jede unserer Schokoladen hat ihre eigene Geschichte. Eine lange Geschichte, die irgendwo auf einer Kakaoplantage beginnt, durch meine Ideen zum Leben erweckt wird und die nicht endet, wenn sie unser Haus verlässt.
Offenbar hat jeder auch seine eigene Zotter-Story und manche dieser Anekdoten kommen mir zu Ohren. Es gibt eine Lehrerin in Wien, die ich inspiriert habe, beim Kochen kühner zu werden. Sie verfeinert das „Mousse au chocolat" nun mit exotischen Gewürzen. Man hat mir von einer Kellnerin berichtet, die bei ihren Erzählungen über ihre Lieblingsschokolade „Pistazien" ganz euphorisch wird und beinahe auf ihre Gäste vergisst, und von Menschen, die sich auf Schatzsuche nach neuen Zotter-Kreationen machen und dabei etliche Geschäfte durchstreifen. Mir gefallen auch die kleinen Sünden, die mir die Leute gestehen: eine ältere Dame beispielsweise, die sich immer wieder vornimmt, eine Tafel mit ihrem Mann zu teilen und sie dann heimlich allein genießt. Sie dürfte da kein Einzelfall sein.
Ein bekannter Schauspieler trifft sich seiner Schilderung zufolge gelegentlich nächtens mit seiner Frau in der Küche: ganz zufällig, aber mit der gleichen Absicht, nämlich sich ein paar Stückchen Schokolade auf der Zunge zergehen zu lassen.
Schokolade beflügelt die Fantasie und es gefällt mir, was die Leute so erzählen. Ich habe schon davon gehört, dass „der Zotter" die Schokoladenfabrik von seinem Vater geerbt haben soll und ein alter Herr über sechzig sei, der sein ganzes Leben der Schokolade gewidmet hat. Das ist der Teil der Geschichte, bei dem ich zuhöre. Interessiert und amüsiert denke ich mir dann: „Es ist nur ein Zufall, dass ich auch so heiße."

Schokolade & Kunst

Nachdem die Schokolade erst 200 Jahre alt und damit ein relativ junges Produkt ist, wurde sie von Anfang an von der Werbung begleitet: Anfangs in kleinen Schokoladegeschäften verkauft, musste man entsprechend auf die Ware aufmerksam machen. Kleine Zettel, die man an Bäume und Zäune klebte, machten Botschaft von der frohen Schokoladenkunde. Später gab es wunderschöne Email-Reklameschilder, wo die Vorzüge der Schokolade gepriesen wurden – und damit war im Zusammenhang mit Schokolade schon sehr früh die Kunst im Spiel. Das populärste Gemälde im Zusammenhang mit Schokolade ist *La belle Chocolatière* von Jean-Etienne Liotard und stammt bereits aus dem Jahr 1743; es zeigt ein Mädchen, das Trinkschokolade serviert.

Die Schokoladefiguren kamen in den 20er-Jahren des vergangenen Jahrhunderts groß in Mode. Sowohl der Osterhase als auch der Weihnachtsmann sind als Gabenbringer ein Resultat der bürgerlichen Stadtkultur und Lebensart des 19. Jahrhunderts. Ihren hohen Bekanntheitsgrad verdanken die beiden aber in erster Linie der Geschäftstüchtigkeit von Konditoren und der Schokoladenindustrie. Ich persönlich bin kein Freund von essbaren Kunstwerken, weil ich keinen Sinn darin sehen kann.

Nachdem man bekanntlich auch mit den Augen isst, hat das Design zwar bei einem Genussmittel wie der Schokolade immer schon eine große Rolle gespielt. Wenn aber die Verpackung wichtiger als der Inhalt wird oder man mehr Verpackungsmaterial als Schokolade erhält, wie das momentan ein Trend zu werden scheint, dann läuft wohl auch etwas schief.

Bei der Zotter-Schokolade stecken jedenfalls keine marketingstrategischen Überlegungen, keine Kundenbefragungen und keine Marktanalysen dahinter, dass die Schokolade so aussieht, wie sie aussieht. Genau genommen beruht sie auf einer Mischung aus Zufall, Experimentierfreude und Spaß an der Sache. Ich glaube, dass es wichtig ist, sich selber treu zu blei-

La belle Chocolatière – das schöne Schokoladenmädchen ist das populärste Gemälde zum Thema Schokolade. Gemalt wurde es vom Schweizer Maler Jean-Etienne Liotard, der 1743 nach Wien gerufen wurde, um Maria Theresia und ihre Familie zu porträtieren. Während seines Aufenthaltes in Wien wurde Liotard jeden Morgen von einer Kammerfrau namens Nandl geweckt, die ihm seine Frühstücksschokolade brachte. Er bat sie, für ihn genau so zu posieren, wie sie jeden Morgen in sein Zimmer trat.

ben und Entscheidungen aus dem Bauch heraus zu treffen. Nur so bleibt man authentisch. Auch der Name ist ein wichtiger Bestandteil der Marke: „Er transportiert die Seele des Produktes", hat einmal ein professioneller Namensschöpfer gesagt. Wo Zotter draufsteht, steckt auch Zotter drin – das wissen unsere Kunden ganz genau.

Die Bronzeskulptur des Bildhauers Paul Mühlbauer mit dem Titel „Die Freude" ist für mich eine gelungene Darstellung der Lebensfreude.

Für mich ist die Kunst eine wichtige Inspirationsquelle. Ich brauche sie, um unkonventionelle Dinge tun zu können. In unserem Haus haben wir viele Werke von unterschiedlichsten Künstlern, die ich immer wieder betrachte und an welchen ich mich erfreue. Ich habe zwei Seelen in meiner Brust: Einerseits sehe ich das Artifizielle von der Kunst in mir und auf der anderen Seite die Natürlichkeit, das Echte, das Emotionale. In der Kunst ist alles möglich: Du kannst einen Film mit Menschen ohne Köpfen drehen und viele werden das witzig finden. Als Chocolatier kann man jedoch keine Schokolade entwickeln, in der kein Kakao drinnen ist.
Umgekehrt arbeitet Andreas Gratze, unser Grafiker und Künstler, mit dem Geschmack: Er lässt ihn auf sich wirken und setzt ihn dann in Bilder um. Dabei beginnt er mit jeder Sorte bei Null. Er hat den An-

spruch, dass die Optik mit dem Geschmack harmoniert, und das gelingt ihm immer wieder ausgezeichnet. Seine Zeichnungen sind charmant und subtil zugleich. Er spielt mit den Zutaten, personalisiert die Produkte, indem er etwa Kürbiskerne Salsa, Bolero und Ballett tanzen lässt, oder er lässt die Zutaten zerfließen wie den Apfelessig und reduziert

Oben: „Swinggirls" von Andreas H. Gratze

den Geschmack auf die Farbe. Einmal witzig, einmal sinnlich, einmal edel, hat jede seiner Arbeiten eine besondere Ausstrahlung. Und damit wird jede Sorte auch äußerlich ein Unikat, das schon viele Zotter-Fans zu Banderolensammlern werden ließ.

„Wir sind, wer wir sind, weil wir nicht versucht haben, anders zu sein", stand lange Zeit auf der Innenseite unserer Banderolen und dieser Leitspruch ist prägend für unser Schokoladen-Kunstverständnis.

Schoko-Inspiration

Die Schokolade zählt neben dem Apfel und dem Wein zu den Liebkindern der Kunst. Zu diesem Thema gibt es einen ganzen Zitatenschatz berühmter Menschen, die nie ein Hehl aus ihrer Schoko-Liebe gemacht haben. Katherine Hepburn wurde beispielsweise mit siebzig von einem Reporter nach dem Geheimnis ihres noch immer großartigen Aussehens gefragt und sie antwortete ihm: „Was sie vor sich sehen, mein Freund, ist das Ergebnis eines lebenslangen Schokoladekonsums." Der Schlager „Ich will keine Schokolade ..." ist ein Ohrwurm, ob er einem gefällt oder nicht, und etliche Filme, die sich im wahrsten Sinne des Wortes um die Schokolade drehen, haben viele Zuschauer angelockt.

In „Erdbeeren und Schokolade" sowie „Schokolade zum Frühstück" kommt sie zwar nur im Titel vor, aber hier geht es wohl eher um das Sinnbild der Verführung.

Der Stoff des Films „Charlie und die Schokoladenfabrik", der bereits in den 60er-Jahren das erste Mal bearbeitet worden ist, ist so faszinierend, weil er die märchenhafte Welt der Schokolade, die Träume und die Wünsche der Menschen in Verbindung damit näher gebracht hat.

„Chocolat", mit Juliette Binoche und Johnny Depp in den Hauptrollen, ist ein wunderbarer Film über die Wirkung von Schokolade und hat sicher zum Bekanntheitsgrad der Chili-Schokolade beigetragen. Mir hat es irrsinnig gut gefallen, wie Vianne Rocher mit ihrer Chocolaterie das verschlafene, puristische Dorf langsam aus dem Schlaf holt. Ein wirklich sehenswerter Film.

Die Schokoladen-Degustation

Das Besondere an der Schokolade ist, dass man sie mit allen Sinnen wahrnehmen kann.

1. Sehen

Der erste Eindruck bei der Schokolade bezieht sich auf Farbe, Struktur und Glanz. Die Farbe der Schokolade variiert von fast schwarz über alle Brauntöne bis hin zu butterfarbenen und milchig-weißen Tönen. Schokolade sollte eine glatte, fettig glänzende Oberfläche haben. Ein Mangel an Widerschein weist auf Verderbtheit hin. Idealerweise schimmert Schokolade matt.

2. Hören

Das vertrauteste Schokoladengeräusch ist das Rascheln des Papiers. Man spitzt die Ohren und weiß, dass es bald etwas Gutes geben wird.
Bei hochwertiger Schokolade ist ein deutliches Knackgeräusch zu hören. Der Ausdruck „Knack" bezieht sich auf das Verhalten von Schokolade unter Druck. Erstklassige Schokolade kann man durch gerade und glatte Bruchkanten erkennen. Durch langes Conchieren sowie sorgfältige Verarbeitung entsteht normalerweise eine dichte Struktur. Wenn die Schokolade splittert, ist sie zu trocken, wenn sie nur zögernd bricht, zu weich.
Je höher der Kakaoanteil, desto besser lässt sich Schokolade brechen.
Bei gefüllten Schokoladen ist das Bruchgeräusch nicht so gut wahrnehmbar.

3. Riechen

Wonach riecht Schokolade?
Die Gerüche kann man in ähnliche Kategorien einordnen wie beim Wein. Im Bouquet der Schokolade finden sich feine Röstaromen, der Duft von Honig oder Marzipan, auch Karamell- oder Vanillenoten sind erkennbar.
Schokolade, die nach groben Röstaromen riecht oder einen ausgeprägten Vanillingeruch aufweist, ist mit Sicherheit keine Edelschokolade.

4. Fühlen

Man kann bei Schokolade die Beschaffenheit der Oberfläche mit den Händen ertasten oder beurteilen, wie sie sich am Gaumen anfühlt. Am besten ist es, wenn man die Schokolade im Mund zergehen lässt und dann mit der Zunge verteilt. Der Schmelz ist ein Fachterminus für Struktur. Das Gefühl am Gaumen hängt davon ab, wie lange die Schokolade conchiert wurde. Ein bisschen Widerstand muss da sein, sonst rutscht die Schokolade durch den Mund, ehe man sie schmecken kann.

Eine gute Schokolade ist glatt und feinschmelzend.

5. Schmecken

Endlich ist es so weit, die verschiedenen Aromen auf der Zunge wahrzunehmen. Je nach Blend, der Mischung, kann man exotische Aromen oder Nussaromen oder die Rösttöne des Kakaos erkennen.

Profis beschäftigen sich genau wie beim Wein mit dem Süßegrad oder der Säure, mit dem Körper der Schokolade, der Harmonie der Aromen sowie dem Abgang.

Was bleibt zurück, wenn sich das Schokoladenstück aufgelöst hat: eine Leere oder ein feiner Milchgeschmack, Kakaoaromen oder ein bisschen Würze? Wie steht es mit der Harmonie von Süße und Kakaogehalt?

Vernaschtipps

Um Schokolade gebührend zu verkosten, braucht man Zeit und Muße.

Die Schokolade sollte vorher zwei bis drei Stunden bei Zimmertemperatur „atmen", um ihre Aromen optimal entfalten zu können.

Die Tafel vor dem Genuss mit einem scharfen Messer in kleine Stücke schneiden!

Worauf man noch achten sollte:

Bei einer Schokoladen-Degustation sollte man nicht zu viele Proben versuchen, weil der Gaumen schnell überfordert ist. Man kann dazwischen Wasser trinken oder ein wenig Weißbrot zu sich nehmen, um den Gaumen zu neutralisieren.

Es ist empfehlenswert, die Schokoladen-Degustation mit der Schokolade mit dem niedrigsten Kakaoanteil zu beginnen und langsam zu den hochprozentigen Sorten vorzudringen.

Bei einer Verkostung von gefüllten Schokoladen macht es Sinn, ein Thema zu wählen. Dabei gibt es viele Möglichkeiten, die Schokoladen-Degustation unter ein Motto zu stellen: von „Klassikern" bis „echt schräg", von „Schoko-Früchten" oder exotischen Variationen bis hin zu „kulinarischen Offenbarungen".

Maß halten: Hervorragende Schokolade zeichnet sich durch ihre Intensität und nicht durch die Menge aus!

Sabine Lintschinger ist freiberufliche Journalistin und Autorin. Sie schreibt „ganzheitlich" und verbindet in ihren Texten die Persönlichkeit der Menschen mit deren Ideen oder Produkten. Im Team „Kulm40" entwickelt sie Kreativkonzepte und Storytelling für Firmen. *www.kulm40.at*

Andreas H.Gratze hat die Zotter-Linie erdacht und ist der Art-Man bei Zotter. Er zeichnet für die künstlerische Gestaltung der Zotter-Schokolade verantwortlich. Er ist umtriebig im Design – beim Entwickeln von Logos, beim Verpacken, am Theater beim Bühnenbild – und als Künstler, der explosiv mit Acryl, Druckgrafik, Kreiden, Feder experimentiert. *www.a-h-g.at*

Bruno Wegscheider ist ausschließlich im Buchbereich als Grafik-Designer und Illustrator tätig.
Zahlreiche Bilderbücher, vorwiegend in Aquarelltechnik. Zuletzt mit Christine Nöstlinger.

Die Fotografin **Theresa Schrems** hat sich nach ihrem Studium in Australien auf Food-Fotografie spezialisiert. Anders als die meisten in dieser Branche arbeitet sie ausschließlich mit Tageslicht. Sie fotografiert für Magazine sowie für namhafte Unternehmen. Als Ausgleich dient ihr die Sportfotografie, wo sie American Football eindrucksvoll in Bildern festhält.

Alexander Knakal ist ausgebildeter Koch. Als Food-Stylist arbeitet er mit Präzision, Liebe und viel Ausdauer an Kochbüchern, Magazinen sowie Verpackungen mit. Außerdem unterrichtet er an der Tourismusschule Bergheidengasse Kochen & Patisserie.

Besten Dank an **Hans-Peter Fink,** seines Zeichens Sacher-Chefkoch, der zwei pikante Schoko-Rezepte beigesteuert hat, und **Wolfgang Schlüter,** Chefredakteur von *Gusto*, für die Unterstützung bei der Rezepterstellung.